普行法師全集 6

# 淨土指歸

我佛慈悲，特別為我們末法眾生，開一淨土法門。
此法門，可深可淺，利鈍咸宜，
目不識丁的人，想一聽就懂，也可以；
學問再大的人，想窮理盡性，也夠你研究了。

普行法師◆著

# 目錄

# 佛說阿彌陀經演講

## 甲　引言

恭喜各位！以我們佛家的眼光，來看世間一切法，與一般人的看法不同。一般人看救濟院的阿公阿婆，都是貧老無依的可憐生；我們看救濟院的阿公阿婆，卻是很幸運的。因為六道衆生，在輪廻道上，有千劫難遇的三大幸事，你們都已遇到了。那三大幸事？一是人身難得今已得；二是中土難生今已生；三是佛法難聞今已聞。

怎麼說人身難得？人身是由前世修行福業所得的正報。一念之差，就會失掉人身，流轉惡道，千劫難復；所以說人身難得。怎麼說中土難生？中土也是由前世修行福業所得的依報，對王化不及的邊地而言，說為中土，生邊地易，生中土難；所以說中土難生。怎麼說佛法難聞？聞佛法必須具有慧根才行；慧根也是由前世修行慧業所感報，得來頗不容易；所以說佛法難聞。今天這千劫難遇的三大幸事，你們都遇到了，豈不是很幸運嗎？

不過但求得人身、生中土，那是消極主義者；惟有聞佛法才是積極的。所以你們的院長、秘書，請我來給你們講講佛法。佛法就是佛教衆生成佛的方法，有一條必須遵循的路線——信、解、行、證。現在我們先講「信」：

論語第二篇上說：『子曰：人而無信，不知其可也。大車無輗，小車無軏，其何以行之哉？』就是孔子說：爲人必須要有信仰，假使沒有信仰，我不知道這個人，有何可取？好像大車沒有駕駛的輗，小車沒有挽曳的軏，（以現在來說，大卡車沒有方向盤；小摩托車沒有把手）那怎麼能行？

論語第十篇上又說：『子貢問政？子曰：「足食、足兵、民信之矣。」子貢曰：「必不得已而去，於斯三者何先？」曰：「去兵」子貢曰：「必不得已而去，於斯二者何先？」曰：「去食。自古皆有死，民無信不立。」』就是孔子的弟子子貢問孔子怎樣治理國政？孔子對他說：治理國政必須具備三個條件：第一個條件要有充足的糧食。第二個條件要有充足的軍備。第三個條件，老百姓要有信仰。這就妥啦。

子貢又問：假使國家在無可奈何的時候，必須要減去一件，那末在這三個條件裏，先減去那一件呢？孔子說：去兵，國家可以暫時不要軍備。

子貢又問：再到無可奈何的時候，必須要再減去一件，那末在這兩個條件裏，先減去那一件呢？孔子說：去食，可以不要糧食。去食，不是把老百姓都餓死了嗎？是的，沒有糧食，老百姓固然要餓死；就是有糧食，老百姓也終歸要死！自古以來人人都要死啊，可是沒有信仰的人，縱然活在世間，他怎麼能自立呢？

孔子爲什麼說信仰比吃飯還重要呢？因爲唯一能解決人類生存問題的，是：君臣、父子、兄弟、夫婦、朋友之間的人倫關係；而人倫關係，又是靠互相信仰來建立的。假使一個人在人倫之間失掉了信仰，那就君不把他當臣，臣不把他當君；父不把他當子，子不把他當父；兄弟、夫婦、朋友，也都不成其爲兄弟、夫婦、朋友了。他如何在人間立足？所以孔子教子貢，寧可去兵、去食，不可失信。然而人類的最大問題，並不是生存，而人倫的關係，也只能維持一時，很快的就會因生別死離而瓦解了，使我們的信仰落空，生存問題也得不到解決。你我現在不就是這樣麼？我們最相信的長官、部下在那裏？父母、兒女在那裏？哥哥、弟弟、丈夫、妻子、朋友又在那裏？眼前就是大墓坑，我們的生存問題解決了嗎？

那末人類最大的問題是什麼呢？生、老、病、死苦，這是人類無始以來，上自帝王、將相，下至販夫、走卒，無富、無貴、無貧、無賤，大家共同的問題。爲什麼有呱呱墮地的生苦；又有耳聾、眼花、腰痛、背酸等的老苦；四大不調的病苦；肝腸寸斷，難以形容的死苦；生從何來，死從何去？這問題可眞够大了。誰能替我們解決這生死問題，我們就信仰誰？奉他爲無上至尊！

科學家能解決嗎？不能。不但不能，而且還給人類增加了更多的苦難。例如他們分析物理，製造出花樣翻新，千奇百怪的東西，在誘人犯罪；原子武器的競賽，使人如處暴風雨的前夕，惶恐不安，一旦大戰暴發，世界將遭遇毀滅，不要談解決人類的生死問題了。

哲學家能解決嗎？不能。因爲哲學家，固然有的在推求宇宙萬有的本體，例如：法國柏格森派的哲學，以直覺領略的方法，求知本體；英國羅素派的哲學，以析觀的方法，來求知本體；但都徒托空言，誰也沒有達到目的。至於認爲本體畢竟不可知，而置之不論的康德哲學，及根本不求本體，但求解決與人類生活有關的問題杜威哲學，那更甭說了，既然得不到萬有本體，那人類的生死問題，他如何能够解決？

宗教家能解決嗎？也不能，因爲世間所謂的宗教，差不多都是從他們的想像中，刻畫出一種無形的偶像來，奉爲無上權威之神，說神是萬能的：能教人生、能教人死、能教人得福、能教人受禍，迫使一般愚夫愚婦，不敢不信，連自己的祖宗都不要了。論語上說：「子不語怪力亂神」這種怪力亂神的宗教，能解決人類的生死問題嗎？

那末人類的生死問題，科學家不能解決、哲學家不能解決、宗教家也不能解決，到底誰能解決呢？我奉告諸位，惟有超科學、超哲學、超宗教的佛教，才能解決。何以說佛教是超科學的？因爲佛教鈍根人，由析空觀，證小乘涅槃，解脫生死，與科學家分析物理的目的，迥然不同，所以說是超科學的。何以說佛敎是超哲學的？因爲佛敎利根人，由體空觀，證大乘生死即涅槃——諸法實相，即萬有本體，與哲學家徒托空言，尙未夢見本體不同，所以說是超哲學的。何以說佛敎是超宗敎的？佛敎是以離言說相、離心緣相、離名字相的一心眞如爲宗；以顯眞如妙理的語言、文字爲敎，與其他宗敎蠻不講理，奉其權威之神，絕不相同，所以說是超宗敎的。既然佛敎超乎一切科學、哲學、宗敎，能眞正解決我們的生死問題，那我們就決定信佛了。信字已講，其次再講「解」：

我們既然信佛，就應當對佛理有所了解，否則，糊里糊塗的信，那與神敎「信者得救」的迷信，有何分別？要想了解佛理，或聽善知識演講，從語言方面求解；或研讀經典，從文字方面求解；都可以。佛理如「月」，語言、文字，如指「月」之指。從語言文字方面，求了解佛理，猶如順指見月。但佛對衆生八萬四千煩惱，說八萬四千法門：或隨他意說三乘權法，或隨自意說一乘實法；或時說有，或時說空；或時說亦有亦空，或時說非有非空。自佛敎傳入中國以來、歷代宗師又各見仁見智，依其所尊崇的敎乘，發揮精義，師資相承，遂分宗派，如：羅什大師依三論、中論、十二門論，建立三論宗的學派。智者大師依妙法蓮華經，建立天臺宗的學派。賢首大師依華嚴經，建立華嚴宗的學派。玄奘大師依成唯識論，建立法相宗的學派。慧遠大師等依淨土經論，建立淨土宗的學派。或依戒學建立律宗，或依定學建立禪宗。

然而，「方便有多門，歸元無二性」那怕說有說空的隨機應變，各宗各派的爭鳴齊放，還不是如江河淮漢一樣的流入性海了嗎？爭奈末法學者，智淺根鈍，旣不能一聞千悟，又不能徧觀會通，面對著博大精深的教典，及各宗師的著述，不是望洋興歎，便是執此謗彼，不知不覺把本爲度脫衆生，出離生死的佛法，當成墮入惡道的罪業因緣了！您看佛理有多難了解。

如此說來，我們對佛理，不是就沒有了解的份兒了嗎？有！我佛慈悲，特別爲我們末法衆生，開一淨土法門。此法門，可深可淺，利鈍咸宜，目不識丁的人，想一聽就懂，也可以；學問再大的人，想窮理盡性，也够你研究了。不過有些增上慢學者，認爲淨土宗的經典太淺，不屑一顧，甚至連信都不信，那未免自失善利，太可憐了。信、解已講，其次再講「行、證」

我們雖於佛理有所了解，還得依解起行，才能證果，才能解決衆生的生死問題。否則，仍淪苦海，無濟於事。然而修行有難、易兩道：難行道，好像翻山越嶺，一步一跌；易行道，好像乘坐車船，不勞跋涉。現在讓我把難、易兩道，大概的舉出來，作一比較：

什麼是難行道？㈠修十善業，翻轉了：殺、盜、淫、妄言、惡口、綺語、兩舌、貪、瞋、邪見，這十種惡業而爲十善，才能證人、天樂果。然人天樂果，並非到家，報盡仍墮三塗，頭出頭沒，載沉載浮，在生死苦海裏，永無了期。㈡修四諦、十二緣法，生眞空智，斷盡了三界見、思二惑，才能證聲聞、緣覺的二乘聖果，自了生死。然此二乘聖果，並非卽生了脫，說不定幾退幾進，幾番生死，備嘗艱苦，才能證得。㈢修菩薩六度大行，從初發心起，經三大阿僧祇劫，歷：十住、十行、十廻向、十地，斷盡了塵沙、無明二惑，到妙覺果地，才能成佛，不但自了生死，也了脫了一切衆生的生死。然往往不是上智利根，又是出於無佛世，而未得忍力的菩薩；也會爲初度布施的福業，遭到了生在人間富貴的絆脚石，爲貪欲、放逸而迷失初心，退墮三塗，不克自拔。

什麼是易行道？專修念佛三昧，把一句阿彌陀佛，行住坐臥，不離當念，不必擔著墮入惡道的風險，歷無邊生死，勤苦斷惑：臨終便蒙佛來接引，往生淨土，登無量壽。得無生忍後，再來娑婆，遊戲自在，拔濟衆苦，就不怕被生死繫縛，度不了衆生，自己反被拖入苦海了。例如：大勢至菩薩，在楞嚴會上自述圓通時說：「我本因地，以念佛心，入無生忍，今於此界，攝念佛人歸於淨土。」又說：「若衆生心憶念佛，現前當來必定見佛。」這可見修淨土，易如反掌了。所以宋初已後，無論禪宗、天臺宗、律宗、華嚴宗的學者們，差不多都改絃更張，或兼修淨土、或專修淨土了，如：禪宗的延壽大師，倡禪淨合行；義懷大師，倡雙修禪淨，宗賾大師，倣廬山蓮社的遺風，建蓮華勝會。天臺宗的本如大師，創白蓮社。律宗的元照大師及其弟子道言，專修淨業，著有觀無量壽佛經義疏、阿彌陀經義疏等。華嚴宗的義和大師，倡華嚴圓融念佛法門，著有華嚴念佛三昧無盡燈一卷。這可見淨土法門，早已被行人視爲入佛的唯一要道了。所以我們修行，也要選擇這一門。

以上講「信解行證」是我們從凡夫地走向佛地，解決衆生生死問題的一條總路線，順著這條路一直走，很快的就到佛國見佛成佛了。假使有人走錯了路，或歧路徘徊，根本不信佛，自然也不會修行證果；或雖信而不解，也無法修行證果；或雖解而不行，也不能證果：只要由信而解，依解起行，尤其從易行道，就路還家，沒有走不到家的。一到家，我們就是主人翁，不比去給「耶和華」做奴僕强嗎？

## 乙　釋經題

### 佛說阿彌陀經

本經的題名，是以能說的本土釋迦，與所說的極樂國土阿彌陀，這兩土的果人而建立的。所以在七種立題裏，屬於「單以人立」。佛說阿彌陀，這五個字，叫做別題，因爲這與其他的經題，各別不同。經，這一個字，叫做通題，因爲所有的一切經，都通名爲經。

佛——是釋迦牟尼佛，爲憐憫我們五濁惡世的極苦衆生，乘大悲願力，生此娑婆堪忍國土，示現成佛。佛字有三義：㈠自覺——超六凡法界（天、人、地獄、餓鬼、畜生、阿修羅）衆生的不覺。㈡覺他——超二乘（聲聞、緣覺）法界，但能自覺而不能覺他。㈢覺行圓滿——超菩薩法界，雖能自覺覺他，而覺行還沒有圓滿。所以佛是三覺圓滿，獨超九界的至尊。

說——佛以言說來表達他悲愍衆生的心懷，教化衆生以念佛成佛的難信之法。所以佛在經末對舍利弗說：「當知我於五濁惡世，行此難事，得阿耨多羅三藐三菩提，爲一切世間說此難信之法，是爲甚難。」

阿彌陀——這是本師釋迦所說那西方極樂世界的佛名，本土翻爲「無量光、無量壽」。彼佛在過去世做轉輪聖王時，於「世自在王佛」的會下，聞法出家，發四十八願，成就西方極樂的依正莊嚴，接引信願念佛的衆生，往生彼國，見佛成佛，永登不退。所以經中說：「彼佛光明無量，照十方國，無所障礙，是故號爲阿彌陀；彼佛壽命及其人民，無量無邊阿僧祇劫，故名阿彌陀。」

經——有三種含義：㈠貫穿佛語；㈡攝持不失；㈢上契佛心，下契衆機。這是梵語「修多羅」的譯義。

# 丙　解正文

## 一、序分

**如是我聞**

實相妙理，不變不動，叫做「如」。如理念佛往生淨土，叫做「是」。阿難尊者，依非有我非無我的實相妙理，隨順世間的假名，自稱為「我」。以耳識聆聽佛說的圓音，叫做「聞」。

阿難說：這念佛往生的阿彌陀經，是我親自聽佛說的。

**一時佛在舍衛國，祇樹給孤獨園。**

一時——是佛說經的時候。舍衛國——是中印度的一個大國，波斯匿王的都城。祇樹給孤獨園——有的經上稱為祇桓精舍，是佛說法的所在。這精舍裏的樹，是祇陀太子供養的，園地，是給孤獨長者須達多供養的，所以名為「祇樹給孤獨園。」

阿難說：佛說這經的時候，是在舍衛國的祇樹給孤獨園裏。

**與大比丘僧千二百五十人俱。**

大比丘——是受具足戒的出家人，含義有三：㈠乞士：向施主乞食，以養色身；向如來乞法，以資慧命。㈡破惡：小乘破身口七支（殺、盜、淫、妄言、兩舌、惡口、綺語）之惡；大乘破煩惱諸惡。㈢怖魔：發心受具足戒羯磨（作業）成就，諸魔恐怖。

僧——是和合衆，所謂：身和同住，口和無諍，意和同悅，見和同解，戒和同修，利和同均。

千二百五十人——是：優樓頻螺、伽耶、那提，這三迦葉兄弟，師徒一千人；舍利弗和目犍連，師徒二百人；耶舍長者子及其同學五十人的總數。

俱——同在一處，常隨佛學，叫做「俱」。

阿難說：還有大比丘僧一千二百五十人，同佛一齊住在祇園裏，常隨佛學。

**皆是大阿羅漢，衆所知識**。

阿羅漢——也含有三義：㈠應供，卽乞士所感的果，應受人天供養。㈡殺賊，卽破惡所感的果，殺絕能害慧命的煩惱賊。㈢無生，卽怖魔所感的果，離分段生死，出三界，不再受生死輪迴。本是法身大士，示迹聲聞，故名爲「大」。

衆所知識——聞名爲「知」；見面爲「識」。代佛弘傳大法，利益人天，故爲人天大衆所共知共識。

阿難說：這一千二百五十人，都是大阿羅漢，爲人天大衆所共知共識。

**長老舍利弗、摩訶目犍連、摩訶迦葉、摩訶迦旃延、摩訶拘絺羅、離婆多、周利槃陀伽、難陀、阿難陀、羅睺羅、憍梵波提、賓頭盧頗羅墮、迦留陀夷、摩訶劫賓那、薄拘羅、阿㝹樓馱。如是等諸大弟子。**

長老——是年高而有德者的尊稱。舍利弗——翻爲身子。又稱舍利子，佛弟子中智慧第一。摩訶目犍連——翻爲大采菽，佛弟子中神通第一。摩訶迦葉——翻爲大飲光，佛弟子中頭陀第一。摩訶迦旃延——翻爲大文飾，佛弟子中論議第一。摩訶拘絺羅——翻爲大膝，佛弟子中答問第一。離婆多——翻爲星宿，佛弟子中無倒亂第一。周利槃陀伽——翻爲繼道，佛弟子中義持第一。難陀——翻爲喜，佛弟子中儀容第一。阿難陀——翻爲慶喜，佛弟子中多聞第一。羅睺羅——翻爲覆障，佛弟子中密行第一。憍梵波提——翻爲牛呞，佛弟子中受天供養第一。賓頭盧頗羅墮——翻爲不動利根，佛弟子中福田第一。迦留陀夷——翻爲黑光，佛弟子中教化第一。劫賓那——翻爲房宿，能知星宿第一。薄拘羅——翻爲善容，壽命第一。阿㝹樓陀——翻爲無貪，又名阿那律，天眼第一。

如是等諸大弟子——如是，指以上十六尊者。等，包括其餘未列之衆。

阿難說：千二百五十人中，有年高而有德的長老：舍利佛等這些大弟子們。

**幷諸菩薩摩訶薩：文殊師利法王子、阿逸多菩薩、乾陀訶提菩薩、常精進菩薩，與如是等諸大菩薩**

菩薩摩訶薩——就是菩薩中的大菩薩。運用大智上求佛道以自利；運用大悲下化有情以利他。智悲雙運，自利利他，就叫做大菩薩。

文殊師利法王子——文殊師利，翻爲妙德，或妙吉祥。佛爲法王，菩薩承佛家業，紹繼佛種，名法王子。文殊爲菩薩上首，故獨稱文殊爲法王子。

阿逸多——翻爲無能勝，又名彌勒，翻爲慈氏。現住兜率天內院，候補作佛，當來龍華會上，度衆生無量。

乾陀訶提——翻爲不休息。菩薩久遠以來，修利他行，從無停止。

常精進——菩薩自利利他，常無疲倦，與不休息同。

阿難說：並且還有大菩薩：文殊師利法王子、阿逸多菩薩、乾陀訶提菩薩、常精進菩薩。

**及釋提桓因等，無量諸天大衆俱。**

釋提桓因——翻爲能爲主，就是忉利天主（欲界六天的第二天）。等——包括其餘三界諸天，未曾列入。無量諸天大衆——指三千大千世界一切天人，八部龍神而言。

阿難說：以及忉利天主等，無量諸天龍神八部，這些大衆同在祇園。

**爾時佛告長老舍利弗：從是西方過十萬億佛土，有世界名曰極樂，其土有佛，號阿彌陀，今現在說法。**

告長老舍利弗——淨土法門，三根普攝，絕待圓融：以是佛卽心而論，心外無所念之佛，更無一法可得；以是心卽佛而論，佛外無能念之心，亦無一法可得。此法超情離見，不可思議，無人能問，故佛特告智慧第一的舍利弗。

從是西方過十萬億佛土——十萬爲億，積億成十萬之數，故曰「十萬億」，一佛所化的三千大千世界，爲一佛土，佛土有四：㈠凡聖同居土，此亦有二：1娑婆世界釋迦所化的國土，是同居穢土。2西方極樂世界彌陀所化的國土是同居淨土。㈡方便有餘土：是修小乘方便道，但斷見思惑，尚餘塵沙無明未斷的聖者所居。㈢實報無礙土：破一品無明，證一分法身，色心無礙的菩薩所居。㈣常寂光土：破無明盡，圓證常住法身、諸相永寂、智慧光明的諸佛如來之所居。

有世界名曰極樂——此雖彌陀所化的凡聖同居淨土，然亦圓具其餘的三種淨土。有佛同居，就是寂光淨土；有菩薩同居，就是實報淨土；有聲聞同居，就是方便淨土。

其土有佛號阿彌陀——其土，是佛的依報，阿彌陀，是正報教主的名號。佛有三身：㈠理法聚，徧一切處、一切時的平等法身。㈡智慧法聚的報身。㈢功德法聚的應身。佛雖於同居淨土，示現應身；然而，佛身離名絕相實際理地非一非三，而三而一，俱不可說。

今現在說法——今非過去未來，故曰現在。彌陀亦以音聲而作佛事，故曰說法。正應衆生發願往生，見佛聞法，即生成等正覺。

阿難說：就在這祇樹給孤獨園，與大比丘、大菩薩、釋提桓因等，同在一處之時，佛告訴長老舍利弗說：從此娑婆橫直向西，過了十萬億佛土，那裏有一個世界名叫極樂。其土有佛，號阿彌陀，現今正在說法。

## 二、正宗分

**舍利弗！彼土何故名爲極樂？其國衆生，無有衆苦，但受諸樂，故名極樂。**

上來講序分已竟。以下是正宗分。彼土何故名爲極樂——是佛自問。其國衆生四句——是佛自釋。衆生——指等覺菩薩以還，乃至人天而言。衆苦——1逼迫身心的苦惱，叫做「

苦苦」。2暫樂不久的樂，叫做「壞苦」。2行陰遷流，終歸變滅的非苦非樂，叫做「行苦」。極樂國土的衆生，沒有這三苦。既無衆苦，當然但受諸樂，他不同娑婆對苦之樂，樂外有苦，而是絕對的樂，所以名叫「極樂」。

佛說：舍利弗啊！彼阿彌陀佛的國土，爲什麼叫做「極樂？」因爲他那國土的衆生，沒有衆苦，但受諸樂，所以名叫「極樂」。

**又舍利弗！極樂國土，七重欄楯，七重羅網，七重行樹，皆是四寶周匝圍繞，是故彼國名爲極樂。**

欄楯就是俗語所說的欄杆，用以莊嚴界畔者。羅網——是莊嚴空際的。行樹——是莊嚴露地的。四寶——即金、銀、琉璃、玻瓈。

佛又說：舍利弗！極樂國土，凡聖所住之處，有七重欄楯、七重羅網、七重行樹，都是金、銀、琉璃、玻瓈四寶所成，周圍環繞。以是之故，所以彼國名叫極樂。

**又舍利弗！極樂國土，有七寶池，八功德水，充滿其中，池底純以金沙布地。四邊階道，金銀瑠璃玻瓈合成。上有樓閣，亦以金銀瑠璃，玻瓈硨磲，赤珠瑪瑙，而嚴飾之。池中蓮華，大如車輪，青色青光，黃色黃光，赤色赤光，白色**

**白光，微妙香潔。**

七寶池——以金銀等七種寶物所成，與娑婆的土石不同。八功德水——池水，有八種功德：1、澄清。2、清冷。3、甘美。4、輕輭。5、潤澤。6、安和。7、除飢渴。8、長養諸善根。與娑婆的水渾濁、寒熱、鹹淡、沉重、澁縮、急瀑、生冷、損壞諸根不同。硨磲——卽海中大貝，背有壟文，深如車渠故名。車輪——指轉輪王的金輪而言，大四十里，並非普通的車輪。

佛又說：舍利弗啊！極樂國土，有七寶池，池中充滿着澄清、清冷、甘美等八種功德之水；池底純以金沙布地；出入寶池的四邊階道，一級一級的，都是以金、銀、瑠璃、玻瓈、硨磲、赤珠、瑪瑙莊嚴修飾的；池中的蓮華，大如車輪，或青色青光、或黃色黃光、或赤色赤光、或白色白光，光色無礙，微妙香潔。

**舍利弗！極樂國土，成就如是功德莊嚴。**

佛又呼舍利弗的名，告訴他說：極樂國土，由阿彌陀佛大願大行的功德，成就了這種種莊嚴。

**又舍利弗！彼佛國土，常作天樂，黃金爲地，晝夜六時，雨天曼陀羅華。其土**

**衆生，常以清旦，各以衣裓盛衆妙華，供養他方十萬億佛，即以食時還到本國，飯食經行。**

晝夜六時——白天分初、中、後三時，夜間亦分初、中、後三時，合爲六時。曼陀羅華——翻爲適意華，或白華。衣裓——是盛華的器具。飯食經行——即飯後散步，於一定範圍，往返周旋。不過極樂國衆生的經行，或念佛，或參究禪理，並非但徒消散。

佛又說：舍利弗！阿彌陀佛的國土，常聞諸天演奏雅樂，黃金布地，晝夜六時，天華繽紛如雨。其國衆生，常於清晨，各以衣裓盛著衆妙天華，去供養他方世界十萬億佛，以神足之力，於一食之頃，便又回到本國，飯食經行。

**舍利弗！極樂國土，成就如是功德莊嚴。**

此佛又呼舍利弗的名，告訴他說：極樂國土，成就如是天樂、天華等，無非都是阿彌陀佛大願大行的功德所莊嚴。

**復次舍利弗！彼國常有種種奇妙雜色之鳥：白鶴、孔雀、鸚鵡、舍利、迦陵頻伽、共命之鳥。是諸衆鳥、晝夜六時，出和雅音，其音演暢：五根、五力、七菩提分、八聖道分，如是等法，其土衆生，聞是音已，皆悉念佛、念法、念僧。**

鸚鵡——此鳥能學人言。舍利——卽百舌鳥，亦名春鶯。迦陵頻伽——翻爲妙音，此鳥未出㲉時，其音聲之妙，便超出衆鳥。共命——此鳥識別報同，一身兩頭。

五根——㈠信根：信一切衆生本性是佛，發菩提心趣向佛果，爲信正道。信修習一切善法，助發正因，爲信助道。㈡勤根：修正道及助道法，精進不懈。㈢念根：但念正道及助道法，更無他念。㈣定根：攝心於正道、助道，不令散亂。㈤慧根：以般若慧，觀照正道及助道法。

五力——㈠信根增長之力，能破疑惑及一切煩惱。㈡勤根增長之力，能破身心懈怠，成辦出世大業。㈢念根增長之力，能破邪念，成就出世功德。㈣定根增長之力，能破亂想，助發禪定。㈤慧根增長之力，能遮斷見思、塵沙、無明三惑，發無漏智。

七菩提分——菩提，此翻爲覺，故亦名七覺分：㈠擇法覺分：以智慧觀察諸法，簡擇眞僞，不取虛僞妄法（如執實我、實法爲僞；我、法二空爲眞）。㈡精進覺分：以智慧覺了，不錯修外道的無益苦行，而於佛道的正行，精勤不懈，有進無退。㈢喜覺分：智慧分明，善能了知，所修之法，與無漏正道相應，而心得法喜。㈣除覺分：又名輕安覺分，斷除十使煩惱（身、邊、邪、見、戒、貪、瞋、痴、慢、疑）而身心得以輕安。㈤捨覺分：若捨棄了所見念著之境，善能覺了所捨之境盡是虛妄，永不追憶。㈥定覺分：若發諸禪定時，智慧分明，善能覺了有漏的四禪四空等，都是虛假，不生愛見妄想。㈦念覺分：若修出離世間，了脫生死的出世道時，善能覺了，使定、慧均等。若定多於慧，心沉沒時，當念用擇法、精進、喜，這三覺分來觀察提起，不令沉沒。若慧多於定，心浮動時，當念用除、捨、定，這三覺分來收攝他，不令浮動。

八聖道分——亦名八正道：㈠正見：修無漏行觀，見苦、集、滅、道四諦分明。㈡正思：以四諦智的無漏心與思惟相應，令觀智增長，入大涅槃。㈢正語：以無漏智，攝諸口業（妄語、兩舌、惡口、綺語）發出如理的言論。㈣正業：以無漏慧，斷除一切不正當的邪業，而修合乎律儀的清淨梵行。㈤正命：以無漏慧，斷除身口意三業中的五種邪命（1、詐現異相。2、自說功德。3、占卜相命。4、高聲現威。5、說所得利養），住於以道自活的清淨正命之中。㈥正精進：以無漏智，勤修聖道。㈦正念：以無漏智，但念正道及助道法。㈧正定：以無漏慧而入正定，遠離不正的有漏禪定。

此等道品，依四諦而修，通大小乘，淨土衆生，各隨機緣，可大可小。藏教的小機修生滅四諦，通別圓教的大機修無生、無量、無作四諦。

如是等法——如指以上所說的根、力、覺、道四科道品。等，是指其餘的無量法門，都隨機演暢。

念佛念法念僧——念無上覺之佛；念佛所說的教法；念如法而修的賢聖僧。

佛再次呼舍利弗的名，告訴他說：阿彌陀佛的極樂國土常有種種不同的奇妙雜色之鳥，那就是：白鶴、孔雀、鸚鵡、舍利、迦陵頻伽、共命之鳥。此等衆鳥，都不分晝夜的發出和雅的鳴聲，在演暢五根、五力、七菩提分、八聖道分，的法音。其土衆生，聞此法音，便都念佛、念法、念僧。

**舍利弗！汝勿謂此鳥實是罪報所生，所以者何？彼佛國土，無三惡道。舍利弗！其佛國土尚無惡道之名，何況有實。是諸衆鳥，皆是阿彌陀佛，欲令法音宣流，變化所作。**

佛又呼舍利弗的名，告訴他說：舍利弗！你不要認謂這白鶴等鳥，實是因罪報所生。何以說不是罪報所生？彼佛國土，並沒有地獄、餓鬼、畜生的三惡道啊。舍利弗！其佛國土，尚無惡道之名，那有惡道之實？此等衆鳥，都是阿彌陀佛，想教法音宣揚流傳，以不思議的神通之力，變化所作的哪。

**舍利弗！彼佛國土，微風吹動，諸寶行樹，及寶羅網，出微妙音，譬如：百千種樂，同時俱作。聞是音者，自然皆生念佛、念法、念僧之心。**

佛又呼舍利弗的名，告訴他說：舍利弗！彼阿彌陀佛的國土，徐徐的微風，吹動那諸寶行樹，及寶羅網，發出了微妙的音聲。好像百千種的樂器，同時演奏一樣。若人聽此妙音，自然會生起念佛、念法、念僧之心。

**舍利弗！其佛國土，成就如是功德莊嚴。**

這是一重結示。佛說：舍利弗啊！極樂國土的一切莊嚴，都是阿彌陀佛大願大行的功德之所成就。

**舍利弗！於汝意云何？彼佛何故號阿彌陀？**

此欲令衆生持名念佛，故先徵釋佛名，所以佛問：舍利弗！你的意思以爲如何？彼佛爲什麼號叫阿彌陀？

**舍利弗！彼佛光明無量，照十方國，無所障礙，故名阿彌陀。**

諸佛心性，寂而常照。寂則不變，照則隨緣，都是光明無量，照十方國。惟阿彌陀佛在因地所發的四十八願裏，就有光明恒照十方之願（第十二願），與諸佛不同，故特立此名。

佛又呼舍利弗的名，告訴他說：彼佛光明無量，徧照十方國土，無所障礙，所以名叫阿彌陀。

**又舍利弗！彼佛壽命，及其人民，無量無邊阿僧祇劫，故名阿彌陀。**

諸佛法身壽命，無始無終；報身壽命，有始無終，都可以名爲無量壽。惟諸佛的應身壽量，隨順機緣，長短不等，而彌陀在因地所發的四十八願裏，就有一願（第十三願）是佛與人民壽命無量。今如願證果，所以獨名無量壽。

無量無邊阿僧祇劫——阿僧祇劫，翻爲「無數年時」今云無量無邊阿僧祇劫，可知彼佛壽命，非算數譬喻之所能及了。彼國人民，皆是一生補處，決定成佛，生、佛平等，所以與佛同壽。

佛又呼舍利弗的名，告訴他說：彼佛壽命，和他的人民壽命之久，都是無量無邊阿僧祇劫。所以名叫阿彌陀。

**舍利弗！阿彌陀佛，成佛以來，於今十劫。**

劫——梵語劫波，翻爲「時分」有小中大三種：㈠人壽從十歲起，每百年增加一歲，增至八萬四千歲；再從八萬四千歲起，每百年減一歲，減至十歲。這一增一減爲一小劫。㈡二十小劫爲一中劫。㈢世界成、住、壞、空四中劫，爲一大劫。

又呼舍利弗的名，告訴地說：阿彌陀佛，自成佛以來，到今天已經有十大劫了。

**又舍利弗！彼佛有無量無邊聲聞弟子，皆阿羅漢，非是算數之所能知，諸菩薩衆，亦復如是。**

聲聞——聞佛聲教，悟四諦理，斷見思惑，叫做聲聞。但這裏所說的聲聞，不是但證人空的定性聲聞；而是先習小乘，臨終回心向大，求生極樂的聲聞。定性聲聞，保果不前，不生極樂。

佛又呼舍利弗的名，告訴他說：彼阿彌陀佛，有無量無邊的聲聞弟子，都是大阿羅漢，不是用算術所能知其數量的。不但聲聞，諸菩薩衆，也是無量無邊。

**舍利弗！彼佛國土，成就如是功德莊嚴。**

這又是一重結示。佛對舍利弗說：以上的光音等種種莊嚴，都是阿彌陀佛大願大行的功德之所成就。

**又舍利弗！極樂國土，衆生生者，皆是阿鞞跋致，其中多有一生補處，其數甚多，非是算數所能知之，但可以無量無邊阿僧祇說。**

阿鞞跋致——翻爲不退。不退有三：㈠位不退，已入聖流，不再退爲凡夫。㈡行不退，常修利他大行，不再退爲二乘自了。㈢念不退，正念流入如來果海，不再退失。

一生補處——只此最後一次的化生，便補佛位。

佛又呼舍利弗的名，告訴他說：極樂國土的衆生，於位、行、念皆不退轉，其中一生卽補佛位的數量甚多，不是算術能够推知的，只可以說有無量無邊阿僧祇那末多。

**舍利弗！衆生聞者，應當發願，願生彼國。所以者何？得與如是諸上善人，俱會一處。**

這是勸此土衆生發願往生。佛又呼舍利弗的名，告訴他說：衆生不聞則已；若聞此法音，就應當發菩提大願，往生彼國。爲什麼要發願往生？爲的得與這一生補處的諸上善人，俱會一處，同修同證。

**舍利弗！不可以少善根福德因緣，得生彼國。舍利弗！若有善男子，善女人，聞說阿彌陀佛，執持名號，若一日、若二日、若三日、若四日、若五日、若六日、若七日，一心不亂。**

少善根福德因緣——菩提正道，名爲「善根」；布施、持戒、禪定等的助道，名爲「福德」。善根爲「因」；福德爲「緣」。二乘自了，故少善根；人天有漏，故少福德。他們都不得往生淨土。惟有發願持佛名號，多善根福德，才可以往生。

執持名號——念念憶佛名號，相續不斷，叫做「執持」，有「事持」與「理持」的淺深不等。深信有西方阿彌陀佛，不達此心作佛，此心是佛，心佛不二之理，但願求生彼國，持佛名號，如子憶母，無間斷時，叫做「事持」。深信西方阿彌陀佛，是我心的理具，是我心的事造。卽以自心所具所造的萬德洪名，爲心緣之境，心境一如，無能念與所念之別，叫做「理持」。

若一日……若七日——這是尅期成辦生死大事。上根人，一日便能一心不亂。下根人，七日方能不亂。中根人，不定二、三、四、五、六日。

一心不亂——專念持名，更無異念，叫做一心。妄念不起，叫做不亂。事持斷我執的見思惑盡。叫做事一心。理持破法執的空有二邊，叫做理一心。

佛又呼舍利弗的名，告訴他說：不可以少分的善根爲因，有漏的福德爲緣，得生彼國。那末必須怎樣，才能生彼國呢？舍利弗！若有善男子、善女人，聽說阿彌陀佛，便執持佛的名號，或一日，或二日，乃至七日，持至一心不亂。

**其人臨命終時，阿彌陀佛與諸聖衆，現在其前。是人終時，心不顚倒，卽得往生阿彌陀佛極樂國土。**

持名念佛是因，是自力；臨終佛現是緣、是他力；因緣具足，往生極樂是果。事一心，不爲見思所亂，感變化身佛現前，不起娑婆界中欲、色、無色的三有顛倒，往生同居、方便二土。理一心，不爲二邊所亂，感受用身佛現前，不起生死、涅槃二見顛倒，往生實報、寂光二土。

佛接着上文又說：那持名念佛，念到一心不亂的人，到他臨命終時，阿彌陀佛與諸聖衆，前來接引，此人終時，心不顚倒，卽得往生阿彌陀佛的極樂國土。

**舍利弗！我見是利，故說此言，若有衆生，聞是說者，應當發願，生彼國土。**

我見是利——佛具五眼：1、肉眼。2、天眼。3、慧眼。4、法眼。5、佛眼。惟佛眼所見，能究盡諸法實相，所謂：「佛眼如千日，照異體還同」。故此我見，應指佛眼所見而言。是利，乃指念佛往生等的利益而言。

佛又呼舍利弗的名，告訴他說：我以佛眼，見此念佛往生，及不退菩提等利，所以才說此法言。若有衆生，聞聽此說，就應當發願，生彼國土。

## 三、流通分

**舍利弗！如我今者，讚歎阿彌陀佛，不可思議功德之利。**

不可思議——略具五義：㈠橫超三界，不待斷惑。㈡往生極樂，證三不退。㈢但持名號，不假諸餘方便。㈣一七期間，卽得一心不亂，勿須多劫勤修。㈤持一阿彌陀佛名號，卽爲十方諸佛之所護念，如持諸佛名號一樣。這些不可思議的利益，都是阿彌陀佛功德之所成就，至堪讚歎。

由此一段文，引發以下六方諸佛，勸信此經。故佛再呼舍利弗的名，告訴他說：像我今天讚歎阿彌陀佛，不可思議功德之利，還有以下六方恒沙諸佛，也在勸衆生，當信此經。

**東方亦有阿閦鞞佛、須彌相佛、大須彌佛、須彌光佛、妙音佛，如是等恒河沙數諸佛，各於其國出廣長舌相，徧覆三千大千世界，說誠實言：汝等衆生，當信是稱讚不可思議功德，一切諸佛所護念經。**

阿閦鞞佛——阿閦鞞，翻爲「不動」。此佛不爲利、哀、毀、譽、稱、譏、苦、樂八風所動。故名「阿閦鞞」。

須彌相佛——須彌，翻爲「妙高」。佛具三十二相，百福莊嚴，爲妙；獨超九界，爲高。故名「須彌相」。

大須彌佛——大須彌，爲衆山之王，佛爲法王，故名「大須彌」。

須彌光佛——須彌爲四寶所成，故有光明。以此光明喻佛智慧，故名「須彌光」。

妙音佛——佛以一音演說法，衆生隨類各得解。此佛音之妙，故名「妙音」。

如是等恒河沙數——恒河卽殑伽河的略稱。此河寬四十里，長一千六百八十里。佛說法，每舉此河中之沙，以喻數量之多。如是等，就是略舉五佛爲例，以該括此恒沙諸佛。

廣長舌相——常人持不妄語戒，可感舌長覆鼻。佛從無量劫來，不說妄語，故感廣長舌相，徧覆三千大千世界。

稱讚不可思議功德，一切諸佛所護念經——這十六個字，是本經原名，羅什大師，隨順本土人好略的習慣，譯成「佛說阿彌陀經」的題名了。這正合持佛名號的妙行。

自本文以下，六方諸佛勸信此經，是從上文引發而來，故曰：東方也有：阿閦鞞佛、須彌相佛、大須彌佛、須彌光佛、妙音佛，類如此等的恒河沙數諸佛，各自在他們的本國，出廣長舌相，徧覆着三千大千世界，說誠實言：「汝等衆生，應當信此稱讚不可思議功德，一切諸佛所護念經。」

**舍利弗！南方世界，有日月燈佛、名聞光佛、大燄肩佛、須彌燈佛、無量精進佛。如是等恒河沙數諸佛，各於其國出廣長舌相，徧覆三千大千世界，說誠實**

**言：汝等衆生，當信是稱讚不可思議功德，一切諸佛護所念經。**

日月燈佛——以日月燈三光，喻佛三智，故名「日月燈」。

名聞光佛——佛名聞十方，如光明徧照，故號「名聞光」。

大燄肩佛——佛肩荷權、實二智，如大火燄，能燒衆生煩惱之薪，故名「大燄肩」。

須彌燈佛——須彌寶光如燈，能照黑暗，喻佛智慧能破無明，故名「須彌燈」。

無量精進佛——佛在因地修行，果地度生，法門無量，精進不退，故以爲名。

佛又呼舍弗的名，告訴他說：南方世界，也有：日月燈佛、名聞光佛、大燄肩佛、須彌燈佛、無量精進佛，類如此等的恒河沙數諸佛，各自在他們本國，出廣長舌相，徧覆着三千大千世界，說誠實言：「汝等衆生，應當信此稱讚不可思議功德，一切諸佛所護念經。」

**舍利弗！西方世界，有無量壽佛、無量相佛、無量幢佛、大光佛、大明佛、寶相佛、淨光佛。如是等，恒河沙數諸佛，各於其國出廣長舌相，徧覆三千大千世界，說誠實言：汝等衆生，當信是稱讚不可思議功德，一切諸佛所護念經。**

無量壽佛——此有二義：㈠與彌陀同名，非卽彌陀。㈡亦卽彌陀，反讚釋迦所說此經，以度衆生。

無量相佛——佛度衆生，隨機應化，其相無量，故名「無量相」

無量幢佛——幢，卽旌旗，有破敵顯勝之義。佛說法無量，能破衆生煩惱，超勝魔外，故名「無量幢」。

大光佛——佛光普照，故名「大光」。

大明佛——佛有三達（天眼、宿命、漏盡），三達，在小乘叫做三明，故稱「大明」。

寶相佛——佛丈六金身，故名「寶相」。

淨光佛——佛究竟離垢，智光顯發，故名「淨光」。

佛又呼舍利弗的名，告訴他說：西方世界，也有：無量壽佛、無量相佛、無量幢佛、大光佛、大明佛、寶相佛、淨光佛，類如此等的恒河沙數諸佛，各自在他們本國，出廣長舌相，徧覆着三千大千世界，說誠實言：「汝等衆生，應當信此稱讚不可思議功德，一切諸佛所護念經。」

舍利弗！北方世界，有燄肩佛、最勝音佛、難沮佛、日生佛、網明佛，如是等，恒河沙數諸佛，各於其國出廣長舌相，徧覆三千大千世界，說誠實言：汝等衆生，當信是稱讚不可思議功德，一切諸佛所護念經。

燄肩佛——同前大燄肩義。

最勝音佛——佛音圓妙，故稱「最勝音」。

難沮佛——沮，即壞義。佛法身常住不壞，故名「難沮」。

日生佛——佛出生世間，智慧光明，如日麗中天，徧照一切，故名「日生」。

網明佛——網有多孔，孔孔透明。喻佛有無量法門，門門明徹。故名「網明」。

佛又呼舍利弗的名，告訴他說：北方世界，也有：燄肩佛、最勝音佛、難沮佛、日生佛、網明佛，類如此等的恒河沙數諸佛，各自在他們本國，出廣長舌相，徧覆着三千大千世界，說誠實言：「汝等衆生，應當信此稱讚不可思議功德，一切諸佛所護念經。」

**舍利弗！下方世界，有師子佛、名聞佛、名光佛、達磨佛、法幢佛、持法佛。如是等，恒河沙數諸佛，各於其國出廣長舌相，徧覆三千大千世界，說誠實言：汝等衆生，當信是稱讚不可思議功德，一切諸佛所護念經。**

師子佛——師子，爲獸中之王。佛爲法王，故以師子爲喻，名「師子佛」。

名聞佛——本經云：聞諸佛名者，皆爲一切諸佛之所護念，皆得不退轉於阿耨多羅三藐三菩提。故名「名聞佛」。

名光佛——佛名聲普聞，如光徧照，故號「名光」。

達磨佛——達磨，此翻爲「法」，義爲軌範。佛的一切言教、行儀，無非是法，堪作衆生軌範，故名「達磨」。

法幢佛——義同無量幢佛。

持法佛——佛持權、實諸法，隨機而說，故名「持法」。

佛又呼舍利佛的名，告訴他說：下方世界，也有：師子佛、名聞佛、名光佛、達磨佛、法幢佛、持法佛，類如此等的恒河沙數諸佛，各自在他們本國，出廣長舌相，徧覆着三千大千世界，說誠實言：「汝等衆生，應當信此稱讚不可思議功德，一切諸佛所護念經。」

**舍利弗！上方世界，有梵音佛、宿王佛、香上佛、香光佛、大燄肩佛、雜色寶華嚴身佛、娑羅樹王佛、寶華德佛、見一切義佛、如須彌山佛。如是等，恒河沙數諸佛，各於其國出廣長舌相，徧覆三千大千世界，說誠實言：汝等衆生，當信是稱讚不可思議功德，一切諸佛所護念經。**

梵音佛——梵、是清淨之義。佛說法音聲，清淨無染，不着我、法、非法等相，故名「梵音」。

宿王佛——宿，是星宿，月爲星宿之王。佛爲法王，以月爲喻，故名「宿王」。

香上佛——此佛國香氣，據維摩經說：比於十方諸佛世界人天之香，最爲第一。故佛名「香上」。

香光佛——此佛戒、定、解脫等香光，徧照法界。故名「香光佛」。如華嚴經云：「戒香定香解脫香，光明雲臺徧法界」。

大燄肩佛——義同前釋

雜色寶華嚴身佛——以雜色寶華，喻佛萬行。佛以萬行莊嚴法身，故得此名。

娑羅樹王佛——娑羅，翻爲堅固。此樹歲寒不凋，爲諸樹所不能及，故名娑羅樹王。喻佛法身，究竟堅固，故以名佛。

寶華德佛——佛之果德如寶華莊嚴，故名「寶華德」。

見一切義佛——佛以一切種智，照見諸法，究竟了義，故得是名。

如須彌山佛——義同前釋。

佛又呼舍利弗的名，告訴他說：上方世界，也有：梵音佛、宿王佛、香上佛、香光佛、大燄肩佛、雜色寶華嚴身佛、娑羅樹王佛、寶華德佛、見一切義佛、如須彌山佛，類如此等的恒河沙數諸佛，各自在他們本國，出廣長舌相，徧覆着三千大千世界，說成實言：「汝等衆生，應當信此稱讚不可思議功德，一切諸佛所護念經。」

**舍利弗！於汝意云意？何故名爲一切諸佛所護念經。**

這是佛問舍利弗：你的意思怎麼樣，爲什麼這經的題名叫「一切諸佛所護念經」呢？經名十六個字，問中略去八字。

**舍利弗！若有善男子、善女人，聞是經受持者，及聞諸佛名者，是諸善男子、善女人，皆爲一切諸佛之所護念，皆得不退轉於阿耨多羅三藐三菩提。是故舍利弗，汝等皆當信受我語，及諸佛所說。**

聞是經受持者——卽以信力聞經，願力領受，念力行持。也就是依教奉行持名念佛之義。

聞諸佛名者——佛佛道同，諸佛卽一佛，一佛卽諸佛。佛具三德：1、法身德：常住不滅的法性。2、般若德：如實覺了諸法性相的智慧。3、解脫德：離一切繫縛，得大自在。名以彰德，衆生由聞佛名而如法持念，念至一心不亂，感應道交，便能爲諸佛所護念，得不退轉於無上菩提。

佛又呼舍利弗的名，給他解釋上文所提出的問題，道：若有善男子善女人，聞此經而如法受持者，及聞諸佛的名號者，此等善男子、善女人，皆爲一切諸佛之所愛護與顧念；皆得趣向於無上正等正覺的果地，精進不退。因此之故，舍利弗！你們都應當信受我及恒沙諸佛之所說。

**舍利弗！若有人，已發願、今發願、當發願、欲生阿彌陀佛國者，是諸人等，皆得不退轉於阿耨多羅三藐三菩提。於彼國土，若已生、若今生、若當生。是故舍利弗！諸善男子，善女人，若有信者，應當發願，生彼國土。**

願由信發，行由願起。信、願、行三資糧，是以願為中心的。故佛又呼舍利弗的名，勸衆生發願：設若有人，或於過去世已經發願、或於現世發願、或於來世發願，欲生阿彌陀佛的極樂國者；此等人，都能於無上菩提大道，得不退轉。他們於彼佛國土，願無虛發，已經發願的，已經往生了；現世發願的，現世往生；當來發願的，當來往生。因此，諸善男子，善女人，若有對此經信而不疑的，就應當發願，生彼國土。

**舍利弗！如我今者，稱讚諸佛不可思議功德，彼諸佛等，亦稱讚我不可思議功德而作是言：釋迦牟尼佛，能為甚難希有之事，能於娑婆國土，五濁惡世：劫濁、見濁、煩惱濁、衆生濁、命濁中，得阿耨多羅三藐三菩提，為諸衆生說是一切世間難信之法。**

能爲甚難希有之事——在淨土得菩提易，在濁世得菩提難。爲淨土衆生說法易，爲濁世衆生說法難。爲濁世衆生說餘法易，說淨土法難；說但持佛名，逕登不退更難。

五濁惡世——㈠劫濁：是以下四濁聚會的時期。㈡見濁：是以五利使爲體的。（1、妄計五蘊假合爲實我，叫做「身見」。2、妄計死後斷滅，或死後不滅，叫做「邊見」。3、非果計果，未證謂證，叫做「見取見」。4、非因計因，而持非理的禁戒，叫做「戒禁取見」。5、撥無因果，叫做「邪見」。這五法，妄見昏昧，能渾濁自性，故名見濁。能使衆生造業受報，勢力猛利，故名利使。）㈢煩惱濁：是以五鈍使爲體的。（1、貪。2、瞋。3、痴。4、慢。5、疑。這五法，煩動惱亂，能渾濁自性，故名煩惱濁。能使人造業受報，勢力較前利使爲鈍，故名鈍使。）㈣衆生濁：是以五陰和合爲體的。（1、有形質的骨肉，叫做「色陰」。2、能領受塵境的前五識，叫做「受陰」。3、能分別計度的第六識，叫做「想陰」。4、恒審思量念念遷流的第七識，叫做「行陰」。5、能執持種子的第八識，叫做「識陰」。這五法，能陰覆衆生自性，不得清淨，故名衆生濁。）㈤命濁：以見濁、煩惱濁的劣因，感得衆生濁的劣果，壽命短促，故名命濁。

難信之法——只持一句阿彌陀佛的名號，不假餘門方便，便能轉劫濁爲清淨海會；轉見濁爲無量光；轉煩惱濁爲常寂光；轉衆生濁爲蓮華化生；轉命濁爲無量壽。故爲難信之法。

佛又呼舍利弗的名，告訴他說：就像我今天稱讚那六方世界恒河沙數諸佛，勸信此經的不可思議功德；彼諸佛等，他們也稱讚我的不可思議功德，這樣說道：釋迦牟尼佛，能爲甚難希有之事，他能在娑婆堪忍國土的劫濁、見濁、煩惱濁、衆生濁、命濁的五濁惡世裏，證得了無上正等菩提，爲諸衆生，說這一切世間難信的念佛法門。

**舍利弗！當知我於五濁惡世，行此難事，得阿耨多羅三藐三菩提，爲一切世間說此難信之法，是爲甚難。**

佛爲度五濁惡世難度的衆生，行此難事，衆生不可不知不信，以孤負佛恩，故佛又呼舍利弗的名，告訴他說：你應當知道，我於五濁惡世，行此難事：一則自證無上正等正覺；二則爲一切世間——九界衆生，說此難信的念佛法門，這是很難的啊！

**佛說此經已，舍利弗，及諸比丘，一切世間天人阿修羅等，聞佛所說，歡喜信受，作禮而去。**

這是，阿難尊者，將佛說此經所收到的效果，作一總結的說：佛說此經已竟，當機的舍利弗，及諸比丘，一切世間，天人阿修羅等，聞佛所說這難信之法，都歡喜信受，作禮而去，依教奉行了。

——佛說阿彌陀經講竟——

# 淨土百絕吟草釋要

# 序

吾師普公上人，深入法藏，專宗淨土。曾著有淨土百絕吟草以自行化他。其詩音韻鏗鏘，意境盎然，誠為近代緇林不可多得的傑作。惟因言簡義賅，據典淵博，或設喻以顯理，或究理於一極，恐非初機學人所易領會。故今不揣譾陋，略為註釋，聊備淨土行者研修之一助。

中華民國七十一年十月菩薩戒優婆夷陳香蓮於彰化田中

# 淨土百絕吟草釋要

## 一、微　韻

一法眞堪被萬機，資糧具足更何依；休爲入海算沙客，冷落寒泉無處歸。

〔註釋〕淨土一法，無機不被，利鈍咸宜。只要具備了信、願、行的三資糧，便得往生，無須更依他法。否則，終日尋章摘句，循行數墨，那就如入海算沙，爲數不清的法數所困惑，茫茫然而無所歸了。

## 二、齊　韻

淨土開宗先指迷，樂邦自在夕陽西，往生不用虎添角，但得靈猿盡意啼。

〔註釋〕先德有所謂：「有禪有淨土，强似戴角虎。」今家但一心念佛，悲聲痛切（喻如猿啼），便得往生極樂蓮邦。

## 三、魚　韻

**指方立相非多餘，不礙渾然一太虛；權巧為因說法便，彌陀性海自如如。**

〔註釋〕諸法的理體，平等不二，叫做「如如」。亦即「諸法實相」的異名。指方立相，原為使行人一心念佛，專精貫注於西方一境。即是以如如智，契如如境，並非多餘；更非執有事物之相，而於湛然常寂的太虛空，有所障礙。

## 四、蒸　韻

**淨土無疑是大乘，世尊金口親傳燈；總持八萬四千法，諸佛如來歎未曾。**

〔註釋〕念佛三昧經上說：「念佛三昧，則為總攝一切諸法。是故非聲聞緣覺二乘境界。」據此可知淨土法門，實為總持八萬四千法門的大乘了。佛法能破眾生的無明暗障，故喻之如「燈」。

## 五、真　韻

**成住壞空似轉輪，生生滅滅果還因；微塵剎土無非幻，除却蓮邦不是眞。**

〔註釋〕「剎土」——就是國土；也就是有情依止的世界。此世界，在成立期間，叫做「成劫」；暫住期間，叫做「住劫」；變壞期間，叫做「壞劫」；壞了之後，空無一物，叫做「空劫」。這樣成住劫時，則微塵聚爲世界；壞空劫時，則世界碎爲微塵。歷劫遷變，生滅如幻，因果循環，猶如轉輪。惟有極樂蓮邦，無有衰變，的是念佛往生的眞實報土。

## 六、東　韻

**聞道眞空眞不空，豈唯斷滅方爲功？彌陀自是眞空主，妙有眞空一體同。**

〔註釋〕師自釋謂：「有類斷滅空見之流，說：『淨土爲有相，修淨土爲著相。』不知西方淨土，爲彌陀如來悲願所成的非有之有；眞如實相，爲一切功德法所依的不空之空。非有之有，方爲妙有；不空之空，方爲眞空。妙有卽眞空，眞空卽妙有。」

## 七、東　韻

**虛空不動動爲風，眞妄亦同亦不同；識得本元眞妄體，方知非有亦非空。**

〔註釋〕此明眞妄同體，有空雙遮的中道第一義諦，淨土行者，不可不知。師自釋謂：

「以虛空喻眞，以風喻妄。有相可見者，爲有爲妄，故金剛經云：『凡所有相，皆是虛妄。』見相非相者，爲空爲眞，故又云：『若見諸相非相，則見如來。』是則有依空立，空因有顯，眞妄同源，不一不異也。如起信論義記云：『眞心隨流作染淨等法』，卽是眞妄不同。又云：『染淨等法，本無自體，故唯一心。』卽是眞妄亦同。又如涅槃經略云：『明與無明，其性不二，不二之性，卽是實性。』明與無明，卽是眞妄不同；其性不二，卽是眞妄亦同。眞妄旣屬同體，那有有空可立？」

## 八、文　韻

**太阿揮折七星文，未斬斜陽斷夕曛；體用從來法不二，名言妄立有無分。**

〔註釋〕此明彌陀淨土，乃爲攝化衆生，依於性體緣起的妙用。師自釋謂：「以斜陽喻體，夕曛喻用。寂滅常如的法身爲體；爲度衆生，依體應現的淨妙諸相爲用。體用不二，非有非無；有、無二字，不過是虛妄安立的名言而已。」「太阿」——是劍名。「七星文」——是鑄在劍上的文采。

## 九、侵　韻

自刦塵緣學到今，虛窗掩卷細推尋；唯心淨土非無土，是說眞心契佛心。

〔註釋〕一念眞心與佛心相契，則是心卽佛；旣是心卽佛，那有無佛淨土之理？當知正報莊嚴的身心，不離依報國土啊。這就是所謂的「唯心淨土」。

## 一〇、元　韻

卽心是佛莫空談，事理融通仔細參；若果西方無淨土，豈非誑語出瞿曇？

〔註釋〕師自釋謂：「有誤解「卽心是佛，唯心淨土。」者，謂：「我心卽佛，心外無土，何必念佛。」不知詮理固心佛不二，淨穢無分；然論事則心佛判然，淨穢分明。試問汝今日之心，果佛心乎？今居之土，果淨土乎？必也，念佛功深至爐火純青之際，方證事理融通之境；那時，心佛淨穢，都一齊銷亡了。」「瞿曇」乃釋迦本姓。

## 一一、刪　韻

心佛衆生本一般，祇因眞妄隔重山；但須一念拔山去，心佛衆生盡等閒。

〔註釋〕師自釋謂：「一心爲生佛之總；生佛爲一心之別。心佛衆生，本爲一體，只因無始無明風動，隨分眞妄，如隔重山。但須一念彌陀，使無明風歇，眞妄雙泯，則心佛衆生，都成閒言剩語矣。」

## 一二、先　韻

**徒說西方爲有偏，未推有義入空詮；應知空有元無二，淨土居中不着邊。**

〔註釋〕師自釋謂：「萬法唯心，心分眞妄。妄心生，則感娑婆；眞心顯，則現淨土。土之淨穢，唯心所造；土之有無，唯信與疑；信有淨土，空諸妄想；妄想一空，則有無情盡，非有非無，何中何偏？强調居中以破偏說者，不得已也。」

## 一三、支　韻

**舉世盡多流浪兒，蒼茫何處可棲遲？猶言不着西方相，已着輪迴尚未知。**

〔註釋〕「蒼茫」就是荒遠迷妄。「棲遲」就是止息。餘義可解。

## 一四、删　韻

**西方大道直無彎，旦夕往生一念間；不似宗門難進得，魔軍十萬把重關。**

〔註釋〕宗門雖講「直指此心見性成佛」，却又將參禪的證悟境界，分爲：初關、重關、牢關的三個階段，名曰三關。宗門行者，往往透不過三關，反而着了魔境，非但無益，而且有害。平平安安穩穩當當的淨土法門，則無此失。

## 一五、屑　韻

**雖說蓮宗無奧訣，彌陀三昧眞禪悅；笑他公案成疑難，不及洪爐一點雪。**

〔註釋〕念佛人體究是心卽佛，是佛卽心，心佛一如之理，徹悟本源心性，寂然不動，如入禪定，叫做「彌陀三昧」。此三昧能使心神豫悅，故名「禪悅」。

禪家對所化之機緣，發出越格的言語動作，好像能剖斷是非的公門案牘，名曰「公案」。而此公案，非棒卽喝，實難令人理解，徹悟心性；故不及洪爐點雪之易於消融，還其本來。

## 一六、魚　韻

**莫說三關雁影疎，三關信到又何如？行人宜策歸鞭疾，好趁春風適故廬。**

〔註釋〕此明宗門行人，莫說透不過三關，卽令透過三關，也不過是悟境而已，生死未了，尚待修證。何如念佛，快馬加鞭，疾馳到極樂蓮邦的「故廬」，卽生了脫呢？

## 一七、灰　韻

**妙湛蓮池一鑑開，十方善信賦歸來；許多識得本來面，都自禪關撥馬回。**

〔註釋〕此明修禪不得，轉修淨土的宗師，大有人在。如延壽、義懷、宗頤等皆是。

## 一八、微　韻

**門雖有別道同歸，寄語學人鑒洞微；參起話頭卽念佛，一心不亂是禪機。**

〔註釋〕此明禪淨殊途同歸，故其行法亦不無脗合之處。如：禪家爲提起疑情，參「念佛是誰」的話頭時，必先念幾句彌陀聖號。念佛人念到一心不亂，如入禪定。此二宗的行法，並不相違。

## 一九、東　韻

**輕騎昔日走蠶叢，人仰馬翻路亦窮，大道從來平且直，休將向上說空空。**

〔註釋〕此影顯宗門修行的險難，不如淨土之平易。「蠶叢」——是古蜀王名。李白送友人入蜀詩裏，有「見說蠶叢路」之句，是又以蠶叢名蜀道了。「向上」——是宗門最難悟證的至極之境，如種電鈔引盤山語曰：「向上一路，千聖不傳，學者勞形，如猿捉影。」

## 二〇、冬　韻

**大道難逢幸己逢，法唯淨土是眞宗；無心攀折道傍柳，志在蓮華第一峯。**

〔註釋〕五會法事讚曰：「念佛成佛是眞宗。」觀經散善義曰：「眞宗難遇。」今旣幸遇眞宗，就該專念彌陀，一門深入，決志要上品生蓮，華開見佛了。那復有心去攀緣他宗，甚至把旁門左道，當作修行法門呢？

## 二一、寒　韻

**休將雕塑案頭安，當作本來面目看；無相彌陀隨念住，念成生死卽泥洹，**

〔註釋〕師自釋謂：「放光般若經上說：『如來無所著等正覺，不當以三十二相八十種好念；不當以金色光明念。何以故？佛形無堅牢故。』三十二相尙不可念，何況木雕泥塑？」

「無相」——就是實相。念無相彌陀，就是實相念佛。「泥洹」——就是涅槃。

在實相念佛所發的實智之前，了無生死，徧法界盡是涅槃。故曰：「念成生死卽泥洹。」

## 二二、歌　韻

**管他四維上下何，都被心家一網羅；說甚迢迢十萬億，不如兜率近娑婆？**

〔註釋〕師自釋謂：「有人主張修彌勒淨土。其理由爲兜率天宮距本土較近，易於到達。那知心包萬法，時空尚無，何分遠近？」「四維」就是東南、東北、西南、西北的四隅。

## 二三、陽　韻

**術數豈眞法古皇，庚金主殺太荒唐；若然北俱盧洲地，應是黿鼉魚鼈鄉。**

〔註釋〕師自釋謂：「或云：『西方屬金，有肅殺之氣，豈宜往生？』這種江湖術士的瞎說，可謂荒唐之極。若西方屬金主殺者；那北方屬水，豈不成爲魚鼈之鄉了嗎？」

## 二四、微　韻

譽人萎謝說西歸，佛國並非冥帝畿；彼土更無三惡道，勸君勇往莫依違。

〔註釋〕此勸行人勇猛精進，成辦往生大業。不可忌諱世俗稱人死亡，說爲西歸，隨疑往生就是死亡，而依違不決。

## 二五、蕭　韻

香風拂拂雨華朝，劫盡西方景不凋；隱約瓊樓縹緲處，璧人倩影舞靑綃。

〔註釋〕此悠然遐想西方勝景而有志嚮往的詠歎。「璧人倩影」——是稱讚一般髫年俊俏之詞，並非專爲美女的寫照。蓮邦沒有女人。

## 二六、先　韻

塵間無物狀西天，寂寂光明照大千；凡聖同登無量壽，花常不謝月常圓。

〔註釋〕此亦詠歎西方凡聖的依正莊嚴。「寂寂光明照大千。」——即彌陀經云：「彼佛光明無量，照十方國，無所障礙。」「凡聖同登無量壽。」——即彌陀經云：「彼佛壽命，及其人民，無量無邊阿僧祇劫。」餘義可解。

## 二七、蕭　韻

**慈航高揭法幢飄，接引行人趁海潮；何處鳳鳴十二律，蓮宮儀隊校吹簫。**

〔註釋〕這是讚佛接引行人往生時的儀式。「慈航」——就是：佛菩薩慈悲度世的法船。故萬善同歸集曰：「駕大般若之慈航，越三有之苦津。」「法幢」——就是妙法高聳的譬喻。故祖庭事苑曰：「諸佛菩薩建立法幢，猶如猛將建諸幢幟。」「鳳鳴十二律」——就是黃帝時審定音樂的律呂，分陰陽各六，共爲十二，名十二律，以象鳳凰之鳴。

## 二八、真　韻

**最勝莊嚴最勝因，靑螺紺髮紫金身；低眉垂手果何事？欲度娑婆未度人。**

〔註釋〕這是讚佛最勝的莊嚴妙相，及其將欲接引行人往生時的悲愍神態，都是從四十八願的最勝因地所感得。

## 二九、先　韻

**駘宕荷風碧落天，穿雲鶴下舞簷前；法王之法元如是，水自漪漪月自娟。**

〔註釋〕這是讚歎佛國景物的自在舒放。「駘宕」就是自在舒放之貌。宕亦通蕩。佛國的鳥能說法，風動寶樹亦如奏樂，乃至森羅萬象，無不是助道因緣。故曰：「法王之法元如是。」

## 三〇、侵　韻

**本國他方在一心，不勞擧足便登臨；妙華供佛歸來后，猶帶爐烟香滿襟。**

〔註釋〕這是讚歎彌陀佛國的衆生，「各以衣裓盛諸妙華，供養他方十萬億佛。」的神足通力。義顯可解。

## 三一、蕭　韻

**金波蕩漾水迢迢，孕育荷花分外嬌；一自願生佛國後，無心再弄錢塘潮。**

〔註釋〕這是說：杭州錢塘一帶的習俗，有一種極荒唐而不惜性命的弄潮遊戲。但他們也知回頭是岸，自從發願往生之後，就不再去玩那種弄潮的遊戲了，要精勤念佛啦。

## 三二、先　韻

**風光劫外爲誰姸？凡聖爭看出水蓮；笑指含苞新綻蕊，又生俊俏一英賢。**

〔註釋〕「劫外」——就是在壞劫之末，有水風火三災，蕩盡世界。惟有風光姸美的極樂世界，獨超此劫災之外，爲念佛衆生的好去處。餘義可解。

## 三三、先　韻

**强名淨土說莊嚴，爲發菩提增上緣；最使心行路絕處，玉樓簾捲碧荷天。**

〔註釋〕「强名淨土」——就是佛國本不可以名名，而名爲淨土。「增上緣」——就是能增加生法的强力。如眼根能生眼識；土田能生穀麥。觀經玄義曰：「凡夫得生者，莫不皆乘阿彌陀佛大願業力爲增上緣。」「心行路絕」——就是究竟眞理，不可思念。即起信論所謂的「離心緣相。」餘義可解。

## 三四、蕭　韻

**敢問君家何處僑？俺家常住願王朝；王朝有鳥能弘法，鸚鵡頻伽百囀嬌。**

〔註釋〕「願王」——阿彌陀佛發四十八願攝化衆生，故稱願王。「頻伽」——具名迦陵頻伽。此翻妙音。乃阿彌陀佛欲令法音宣流，變化所作的衆鳥之一。餘義可解。

## 三五、蕭　韻

**欲把莊嚴刻意描，幾番擱筆費思潮；匠心羞比廣長舌，着手文章供笑嘲。**

〔註釋〕這是說：縱使學者巧運匠心，用筆墨來描寫淨土莊嚴；也比不上彌陀經上所說那六方世界的恒沙諸佛，出廣長舌相，徧覆三千大千世界，勸信此經。

## 三六、麻　韻

**漢武曾經罷百家，百家之說盡皆差；唯儒道可參天地，也把西方聖者誇。**

〔註釋〕這是說：漢武帝雖曾罷黜百家，獨崇儒術；然儒宗孔子，却將西方聖者誇示於人，而不敢自居爲聖。

師引列子上一段文說：『商太宰問孔子曰：「丘聖者歟？」孔子對曰：「聖則吾豈敢，然則丘博學多識者也。」又問：「三王聖者歟？」孔子對曰：「三王善任智勇者，聖則丘不知。」又問：「五帝聖者歟？」孔子對曰：「五帝善任仁義者，聖則丘不知。」又問：「三皇聖者歟？」孔子對曰：「三皇善任因時者，聖則丘不知。」商太宰大駭！曰：「然則孰者爲聖？」孔子動容有間曰：「西方之人，有聖者焉。不治而不亂，不言而自信，不化而自行。」』

師又釋曰：『或問：「諸佛說法度生，怎能說不言、不化？」答：「金剛經云：若人言如來有所說法，卽爲謗佛，不能解我所說故。孔子爲世間聖人，當亦不敢謗佛也。」』

## 三七、陽　韻

**不信西方有願王，頹然沉醉夢高唐；可憐四大分離夜，絳帳偎紅樂未央。**

〔註釋〕這是說：不信西方有阿彌陀佛攝念佛人往生淨土，而躭著色欲至死不悟的人，太可憐了。

「夢高唐」——高唐，是楚臺觀名。在今湖北安陸縣南的雲夢澤中。據宋玉的高唐賦中說：「昔者先王嘗游高唐，怠而晝寢，夢見一婦人……願薦枕席，王因幸之。」故後人稱男女幽會爲夢高唐。

「四大分離」——地、水、火、風、觸處皆是，故名四大。卽以吾人的身根而論

：筋骨毛髮等的固體爲地；血淚便尿等的液體爲水；溫煖爲火；氣息爲風。四大湊泊則生，四大分離則死。

「未央」——卽未盡之意。漢武帝李夫人賦：「惜蕃華之未央。」

## 三八、歌　韻

**身在囚車可奈何？業風吹轉到娑婆；眼前救死無多策，唯仗彌陀願力荷。**

〔註釋〕此以「身」譬我執；「囚車」譬身；「業風」譬喻法警；「娑婆」譬喻刑場。這已被判死刑，將要處決的娑婆衆生，除非念佛，仗彌陀願力予以特赦外，別無他法可以得救。

## 三九、麻　韻

**名登鬼籍事推車，月黑風高驛路遐；若問逃逋何計策？一心繫念法王家。**

〔註釋〕這是說：人生就是個入了推車鬼籍的推車鬼，推著五陰色身的車，在月黑風高而又遐遠的六道驛路上，奔來奔去，永無休止。若問：有什麼計策可以逃脫這個鬼籍呢？答案是：一心繫念著西方的彌陀淨土。

## 四〇、真　韻

**驢胎馬腹幾千巡，故國風光依舊眞；只怕不歸歸便得，事非天定總由人。**

〔註釋〕這是說：衆生卽令輪迴到畜生道裡，爲驢爲馬，其本具佛性（故國風光）依舊是不變眞如。就怕不知念佛返妄歸眞；若知念佛返妄歸眞，便得卽生成辦，華開見佛，還其本來。要知道事在人爲，而非天定。

## 四一、侵　韻

**生死一期又降臨，來期難免不如今；期期生死何時了？直待此心是佛心。**

〔註釋〕「此心是佛心」——念佛人，是心念佛，是心卽佛；心卽佛，佛卽心，心佛不二。這時，生死就了了。餘義可解。

## 四二、先　韻

**唯心所造境隨遷，生死無門自往還；佛國何難一念至？行人儘管著先鞭。**

〔註釋〕師自釋謂：「彌勒菩薩說：『如來國土，淨穢有無，皆是我心變化所現。』淨穢有無旣然都是唯心所造，今乘一念念佛心而往生淨土，當非難事，行人其勉乎哉！」

四三、真　韻

**可憐救火反抱薪，怕死腆顏媚死神；不知閻羅與小鬼，專收佛國未歸人。**

〔註釋〕這是說：那些不知歸命佛國，而迷信神教之徒，以厚臉皮（腆顏）的諂媚醜態，去祭拜鬼神，等於抱薪救火，自我焚死太可憐了。

四四、陽　韻

**悲歡離合幾滄桑，相見互驚兩鬢霜；不念彌陀求正覺，癡人故作怖頭狂。**

〔註釋〕「滄桑」——時刧久遠，滄海變爲桑田，桑田變爲滄海。故世人以之喻時勢變易。唐儲光羲詩就有「滄海成桑田」之句。「正覺」——就是梵語「三菩提」的譯義，也就是佛緣眞如之理的實智，故稱成佛爲正覺。餘義可解。

四五、陽　韻

**曾幾何時年少郎，唏噓撫鬢歎馮唐；今生不作難遭想，輪到三途苦斷腸。**

〔註釋〕此歎人身難得，青春易老，應珍惜光陰，精勤念佛。否則，一失人身，可能流轉三途，受苦無窮！「馮唐」——人名。漢安臨人，官郎中署長，後因老退休。王勃的滕王閣序，有「馮唐易老」之句。

## 四六、歌　韻

**莫笑龍鍾尚恁麽，朝朝暮暮念彌陀；試看天外飛來雁，那個不投安樂窠。**

〔註釋〕這是勸人不可譏笑老邁衰憊（龍鍾）的人，終日念佛，爲苟延殘喘。要曉得倦鳥飛來，尚知投宿安樂窠巢；難道老邁衰憊之人，不知往生安養嗎？

## 四七、歌　韻

**太息光陰如逝波，經年埋首修多羅；纔知念佛千般是，窗外流鶯又擲梭。**

〔註釋〕此歎流光易逝，念佛恨晚。「逝波」——卽川流不息。論語子罕篇云：子在川上曰，逝者如斯夫，不舍晝夜。「修多羅」——此是梵語。正翻爲線。取線能貫花，不使散失之義。或翻爲契經，謂契理契機，貫穿法相，攝持所化，如經之與緯。

## 四八、支　韻

彌陀念我少人知，認路還家更有誰；慣見詞林數典客，蓮花開日誤歸期。

〔註釋〕這是說：很少有人知道，念佛衆生，爲佛所護念；至若誓願往生，歸命佛國的，那更如鳳毛麟角了。司空見慣的，多爲翻詞典算法數的學人，他們把蓮花開日，往生佛國的歸期，都白白的耽誤了。

## 四九、灰　韻

一句彌陀萬慮灰，懶將空有費敲推；蓮科怕落孫山外，不敢埋頭故紙堆。

〔註釋〕這也是爲埋首經典，局蹐於推敲空有，建立名相的義學，而不知念佛往生者戒。「孫山」——人名。赴京應試，名列榜末。朋友寫信問他，得中啦沒有？他回答說：「榜名盡處是孫山，餘人更落孫山外。」後人隨以應試不第者謂「名落孫山。」

## 五〇、灰　韻

文身句尾藏如來，爲見如來盡撇開；世智辯聰休笑殺，蓮宗個個是庸才。

〔註釋〕初二句：即起信論所謂的「離名字相。」也就是得意忘言，不為文字所拘泥。唯有如此，才能念自性彌陀而見如來。末二句：是誡世智辯聰，休笑淨土行人，都是不解文字的庸碌之才。

「世智辯聰」——與地獄、餓鬼、畜生等，並稱為八難之一。乃世間之邪智聰利者，耽習外道經書，不信出世正法。是為見佛聞法的障難。

## 五一、先　韻

**無常變滅總如烟，世事有何不了緣？都為衆生迷執甚，他鄉流落不知還。**

〔註釋〕初二句——是說世間一切法，生滅遷流，刹那不住。維摩經方便品曰：「是身如浮雲，須臾變滅。」既是無常變滅，還有什麼不能了脫的塵緣？

末二句——即六妙門所謂：「種種橫計，迷執諸法，輪廻六趣。」既因迷執諸法，輪廻六趣他鄉，怎知念佛往生，歸命淨土？

## 五二、東　韻

**生生死死本難窮，惑業演成造化工；行者欲窮生死本，彌陀念到無明空。**

〔註釋〕此有二義：㈠衆生由無始一念不覺的無明，起惑造業，感生死苦報，所以生死的根本，就是無明。故楞伽經云：「貪愛名為母，無明則為父。」起信論云：「一切煩惱，依於無明所起。」

㈡生死的根本既是無明，要窮生死之本，那就非念阿彌陀佛，把無明空盡不可了。因為佛是覺者，無明是不覺，覺能對治不覺故。涅槃經云：「無明昏寢，事等如睡，聖慧一起，朗然大悟，如睡得寤。」

## 五三、元　韻

**持名念佛最為尊，方便門中方便門；攝取行人盡九品，都將春夢了無痕。**

〔註釋〕「方便」——一切法門無不義理方正，言辭巧便，故名方便。尤以念佛法門為方便之極，故曰：「方便門中方便門。」

按行人行業的等差，分為九品，俱得往生。故曰：「攝取行人盡九品。」（如觀經所說）

往事陳迹，如春時夢境，剎那易逝，了無痕迹。故曰：「都將春夢了無痕」。蘇軾詩亦有「事如春夢了無痕」之句。

## 五四、陽　韻

**欲度迷津歇性狂，山川行脚費周章；何如宴坐蒲團上，付與彌陀作主張。**

〔註釋〕這是說：欲息滅無明，渡生死迷流，與其跋山涉水，行脚天下，尋師訪友，枉費周章；何如安然宴坐，專念彌陀，把往生大事，付託給彌陀擔當呢？

「歇性狂」——就是息滅無明。楞嚴經云：「三緣斷故，三因不生，則汝心中演若達多狂性自歇，歇即菩提。」

## 五五、真　韻

**生到西方假亦眞，妄心無處可緣塵；誰知海會蓮池士，曾是貪瞋癡愛人。**

〔註釋〕彌陀佛國，淨妙莊嚴，無塵境可緣。旣無所緣的塵境，則能緣的妄心，亦無從生起。故曰：「生到西方假亦眞。」衆聖集會，叫做「海會」。海會於蓮池的菩薩大士，都是曾經沉迷在娑婆世界的煩惱衆生。故曰：「曾是貪瞋癡愛人。」

## 五六、支　韻

**娑婆無事不迷離，每見舟行當岸移；人盡爭先捉水月，有誰念佛惜盲龜。**

〔註釋〕「迷離」——就是模糊不清。木蘭詩有「雌兎眼迷離。」之句。「舟行岸移」——就是轉倒事理的譬喻。「水月」——譬喻諸法無有實體。「惜盲龜」——即珍惜難得的人身，及難遇的佛法因緣。雜阿含經云：「大海中有一盲龜，（略）復有浮木，正有一孔，（略）盲龜百年一出，得遇此孔。」涅槃經云：「生世爲人難，值佛世亦難；猶如大海中，盲龜遇浮孔。」

## 五七、真　韻

**娑婆齷齪難爲人，十使沓來煩惱塵；自性彌陀一念覺，夢中蝴蝶無生因。**

〔註釋〕初二句——明生死煩惱之苦。「十使」：貪、瞋、癡、慢、疑、身見、邊見、邪見、見取見、戒禁取見。這十種根本煩惱，能驅使衆生，沉淪漂泊於生死苦海，故名十使。「沓來」：就是紛紛亂亂的連續不斷而來。

末二句——以念佛心，悟無生忍。「夢中蝴蝶」：此設喻以明無生之理。能緣之心如夢，所緣之境，如夢中蝴蝶。若無能緣的夢心，即無所緣蝴蝶的夢境；若無所緣蝴蝶的夢境，即無能緣的夢心。如是推徵，則心境雙泯，那有什麼生因？

## 五八、尤　韻

**早識西方事可謀，善緣能使俗緣休；胡爲濁世愛離苦，腸斷新亭淚不收。**

〔註釋〕這是說：早知西方有淨業可圖，出世的善緣，能使世界的俗緣，一旦休止；又何必在這五濁惡世，受那八苦之一的「愛別離苦」呢？

「新亭淚」：新亭在今江蘇省的江寧縣南，亦名勞勞亭。東晉時，離別了所愛的故鄉親友，隨政府流亡的名士們，嘗飲宴於此；周顗觸景傷懷，喟然嘆曰：「風景不殊，舉目有江河之異！」衆皆相視淚下。故今舉此以喻八苦之一的「愛別離苦」。

## 五九、尤　韻

**借問往生何所求？娑婆厭絕離人愁；不知多少如關盼，憔悴春風燕子樓。**

〔註釋〕此舉歷史故事，以明往生淨土者，爲的是在娑婆世界，討厭極了那愛人別離的愁苦。唐時徐州有一妓女，名關盼盼。貞元中徐川尙書張建封納爲側室，特別給他建一小樓居住，名燕子樓。建封死，盼盼念舊，矢志不嫁，終至憔悴而死。後人取春風和煦以喻恩愛之義，在燕子樓上加春風二字，名「春風燕子樓」。

## 六〇、尤　韻

**娑婆流落幾經秋，偏是怨家易聚頭；何日鄉關歸計得，尊親勝友共溫柔。**

〔註釋〕初二句——娑婆世界的衆生，難免有八苦之一的「怨憎會苦」。越是你所怨恨憎惡的人，及嫌忌的事物，偏偏讓他和你聚會，無法擺脫。

末二句——希望早日能歸命淨土，那兒有佛及聲聞菩薩的尊親勝友，共相溫柔。如彌陀經云：「得與如是諸上善人，聚會一處。」這與娑婆世界的怨憎會，恰恰相反。

## 六一、先　韻

**愛如藕斷絲猶連，曠劫以來不解緣；壯士何難棄一腕，全眞還我碧蓮天。**

〔註釋〕初二句義謂：愛，是三毒之一的貪欲煩惱。不悟諸法爲因緣所生，空無實體之理；而於所愛之境，貪著不捨，以致生生死死，如藕斷絲連，永無了期。故法華經方便品云：「深著虛妄法，堅受不可捨。」

末二句義謂：要捨貪愛，必須以壯士斷腕的精神，念佛往生極樂蓮邦。故圓覺經云：「衆生欲脫生死，免諸輪迴，先斷貪欲，及除愛渴。」楊次公說：「愛不重不生娑婆，念不一不生極樂。」

## 六二、寒　韻

**七寶樓頭慧眼看，娑婆欲海正迴瀾；古今多少英雄漢，壯志未酬骨已寒。**

〔註釋〕這是說：生到西方的聖者，站在七寶樓頭，以慧眼來看娑婆世界的事事物物，都是無常苦空，虛妄生滅。但舉一出類拔萃的英雄好漢，以例其餘。由是可知離此娑婆的虛妄生滅，就是眞空無相的平等法界了。故涅槃經云：「諸行無常，是生滅法，生滅滅已，寂滅爲樂。」無量壽經云：「慧眼見眞，能度彼岸。」

## 六三、麻　韻

**欲壑塡來總覺差，難逃此苦帝王家；秦皇不解蓮生訣，妄向扶桑泛使槎。**

〔註釋〕此舉歷史故事，證明不解蓮生之理的人，雖貴爲帝王，亦難逃八苦之一的「求不得苦」。據仙傳拾遺所載：秦始皇聞東海扶桑（祖洲）有不死之藥，遣方士徐福率童男童女各三千人，乘樓船往求，去而不返。

## 六四、刪　韻

**功成未必錦衣還，況復無方可駐顏；寄語世如定遠輩，珂鄉不在玉門關。**

〔註釋〕「玉門關」——通西域要道，在今甘肅省酒泉縣西。東漢時，班超奉使西域，征服西域五十餘國。任西域都護，封定遠侯。在西域三十一年，老而思歸，奏請退休：「臣不敢望到酒泉郡，但願生入玉門關。」

今舉此歷史故事，勸告世人如班定遠者，在奏請退休時，要知道你的珂鄉在極樂蓮邦，不在玉門關啊。

## 六五、陽　韻

**耕田念佛兩無妨，一樹菩提一樹桑；獨是桑麻多俗累，菩提果熟證眞常。**

〔註釋〕初一句：明念佛法門，普被三根，雖胼手胝足的農夫，亦與念佛兩不相妨。餘三句：明念佛與耕田的成果，一眞一俗，利害懸殊。

「菩提」——古德有翻爲道者，如智度論云：「菩提名諸佛道。」有翻爲覺的，如唯識述記云：「菩提此翻爲覺，覺法性故。」然則，覺卽佛道，佛道卽覺，二義並不相違。

「眞常」——如來所得之法，眞實常住。楞嚴經云：「世尊諸妄，一切圓滅，獨妙眞常。」

## 六六、庚　韻

**水陸飛潛縮地行，巧牟造化事堪驚；幻師畢竟遜吾輩，輸却彌陀帶笑迎。**

〔註釋〕這是說：近代科學倡明，突飛猛進，尤其在交通方面，無論水陸飛潛，雖千萬里，不過朝發而夕至，可以說是巧奪天工了。然而，這些無異是幻師的科學家，畢竟比我們念佛人，還差一着，一旦無常來臨，卻把阿彌陀佛帶着笑容，前來迎接往生安養的勝果，輸給我們了。

## 六七、陽　韻

**背負肩挑爲貨郎，傴僂百粵並三湘；好憑茅店鷄啣月，特寫心聲報法王。**

〔註釋〕這是說：背着包袱、挑着擔、彎曲着脊梁，奔走在百粵三湘的販夫，也好趁着住店的休息時間，把念佛的心聲，報給西方淨土的彌陀法王。

「傴僂」——就是彎腰曲背。「百粵」：是江、浙、閩、粵一帶地區的總稱。「三湘」：是湘南的湘潭、湘陰、湘鄉。「法王」：讚佛於權實諸法而得自在的稱號。維摩經佛國品曰：「已於諸法得自在，是故稽首此法王。」

## 六八、真　韻

**自有醍醐灌法身，貪泉是鴆非醪醇；千金難買往生牒，一業能緣百世貧。**

〔註釋〕初一句——是以醍醐喻念佛法門，能使法身出纏，解脫生死。餘三句——是說貪愛錢財，等於飲鴆止渴。金錢雖多，不但買不到往生極樂的牒文；而且造一貪業，能感得百世貧窮的苦報。

「醍醐」——六波羅密經，以醍醐在乳酪蘇中，微妙第一，能除諸病，令有情自心安樂；譬喻總持法門在契經中，最爲第一，能除重罪，令衆生解脫生死，速證涅槃，安樂法身。諸宗師，亦以醍醐喻其自宗。「貪泉」——在今湖南省郴縣境內。相傳飲此泉水，能令人生起貪念。故今以之譬喻貪染。

## 六九、真　韻

**不種西方極樂因，扁舟載酒泛江春；問渠會否留春住？但答春歸如有神。**

〔註釋〕此言有類玩物喪志之徒，寧沉醉於無常遷變的江春景色；却不肯念佛種西方極樂之因，感佛來接引往生西方極樂之果。義顯可解。

## 七〇、真　韻

**拋却西方解脫身，烟波垂釣作癡人；蓴鱸佐酒雖饒味，又結來生不了因。**

〔註釋〕此言有類愚癡凡夫，拋却了往生西方，解脫煩惱的自在身，耽樂著烟波垂釣的罪業生涯。不知蓴鱸佐酒，雖饒有滋味，却又結下了來世生死的罪業因緣。

「烟波垂釣」——烟與煙同。唐張志和居江湖，自稱煙波釣徒。「蓴鱸」——蓴菜鱸魚，是烹調最好的食品。

## 七一、真　韻

**一歎紅顏薄命人，香題掩泣淚沾巾；昭君果是蓮生子，麗質誰將委塞塵。**

〔註釋〕此歎紅顏薄命的王昭君，假使他生在極樂蓮邦的彌陀佛國，誰會將他那美麗的體質，委棄於塞外的胡塵。

「昭君」——是漢元帝的宮女，名叫王嬙。後爲與番邦議和，以之下嫁與匈奴的呼韓邪單于，死葬胡地。

## 七二、真　韻

**再歎倚門賣笑人，箇中況味自酸辛；多囘背地偸彈淚，只恨蓮池未種因。**

〔註釋〕此歎倚門賣笑的妓女，自恨前世沒有念佛種下蓮生之因；才落得今世這樣慘痛的下場。義顯可解。

## 七三、真　韻

**三歎貨腰伴舞人，强顏爲笑亦愴神；風塵不覺徐娘老，未念彌陀洗絳唇。**

〔註釋〕此歎爲人伴舞的風塵女子，對人明帶笑容，暗自傷神。不覺徐娘已老，還沒有念佛，洗掉唇上的胭脂。

「徐娘」——梁元帝妃徐氏，與帝左右暨季江通。季江曰：「徐娘雖老，猶尚多情。」故今稱婦女年老色衰者謂徐娘。

## 七四、麻　韻

**淨業罔修事已差，文章任爾筆生華；緋衣人至終無主，五趣三塗路正賒。**

〔註釋〕此言文學家不修淨土，事已乖謬。任憑你文章寫得如筆生花，也是枉然。一旦見到穿着緋色衣服的人，還不是不能自作主張，只有被業力所牽，流轉於無邊生死的五趣三塗嗎？

「筆生華」——據開天遺事所載，唐李白夢筆生花，從此才思日進。「緋衣人至」——唐李賀七歲能詩。一日見一着緋色衣人，手持一板，上寫：「上帝成白玉樓，召君作記。」遂卒。

## 七五、麻　韻

**淨業罔修事已差，丹青水墨枉成家；難將尺幅抵生死，徒對春山寫物華。**

〔註釋〕此言藝術家不修淨土，事亦乖謬。縱使你畫得丹青水墨，自成一家，也不能將一幅畫去抵消生死。只徒對着春山景物，臨摹寫意了。

## 七六、麻　韻

**淨業罔修事已差，壺中日月未堪誇；丹砂尚不療生死，何況薑湯與棗茶。**

〔註釋〕此言醫學家不修淨土，事亦乖謬。當知壺中生涯，未足誇讚。丹砂尚不能醫療生死，何況薑湯棗茶？

「壺中日月」——後漢費長房傳：「汝南費長房爲市掾，市中有一老翁賣藥，懸一壺於肆頭，及市罷，輒跳入壺中。」今稱醫家開業爲「懸壺」。

## 七七、陽　韻

**縱然粉墨堪登場，畢竟華胥是夢鄉；若把娑婆比淨土，謳歌應不屬陶唐。**

〔註釋〕初二句——是說政治舞臺，畢竟似華胥一夢。末二句——是說娑婆世界，雖古之陶唐盛世，也比不了極樂蓮邦。

「華胥」——昔黃帝晝寢，夢遊於華胥氏之國。其國無師長，其民無嗜欲，無愛憎，無利害。（略見列子）「謳歌」——就是歌頌功德。「陶唐」——古帝名。堯初封於陶，又封於唐，故稱陶唐氏。以揖讓而有天下，自古稱爲盛世。

## 七八、虞　韻

**矯詔玉樓墮綠珠，風流雲散翻然無；人間富貴不如是，誰肯西方作壯圖？**

〔註釋〕此舉歷史故事，證明「諸行無常，是生滅法。」否則，誰肯作往生西方的壯圖。

「矯詔」——僞託皇帝的詔命。「墮綠珠」——晉石崇累官刺史，富甲天下。有愛妾名綠珠，甚美豔。孫秀欲奪其妾，乃矯詔殺崇。綠珠亦墜樓自盡。

## 七九、東　韻

**十載寒窗作釣翁，功名曾眼一飛鴻；淵明地下應知悔，孤負廬山慧遠公。**

〔註釋〕晉慧遠大師與隱士劉逸民等緇素百餘人，在廬山東林寺結白蓮社，專志淨土，念佛往生。年八十三歲，預知時至，端坐入寂。惜「不以五斗米折腰」的陶淵明不聽師勸，未能入社念佛。徒以詩酒自娛，徜徉一世。

## 八〇、歌　韻

**誰唱浩然正氣歌，誰揮涕淚對宮娥；一般顛倒沉迷樣，我佛其如不念何。**

〔註釋〕世間凡夫，無分賢愚：賢如「唱正氣歌」的文相國；愚如「揮淚對宮娥」的陳後主。總之，不知念佛往生以求正覺的，都一樣的是顛倒沉迷。

## 八一、尤　韻

**豪氣縱橫放不收，沙場曾作醉鄉侯；而今悟徹往生理，坐下青驄化鶴遊。**

〔註釋〕初二句是迷。末二句是悟。迷時曾醉臥沙場，故曰：「沙場曾作醉鄉侯。」悟時則念佛往生，故曰：「坐下青驄化鶴遊。」青驄，就是毛色青白間雜的戰馬。

## 八二、庚　韻

**擐甲執戈戴月行，關山萬里誓長征；歸來一覺封侯夢，界外風光誰與爭？**

〔註釋〕此　大師半生戎馬，終歸於佛的自述。初二句，述界內之爭的征戰殺伐。末二句，述界外無爭的風光景色。前爲不覺，後爲覺者。

「界外」——對界內而言。煩惱衆生，沉淪在欲界、色界、無色界的三界穢土，叫做界內。斷惑證理的佛菩薩，出離三界的淨土，叫做界外。

## 八三、刪　韻

**櫻花時節到臺灣，花落幾冋人未還；閱盡滄桑興廢已，方憑信願叩蓮關。**

〔註釋〕此亦　大師的自述。初三句，感離亂流徙，滄桑世變。末一句，憑三資糧，歸命淨土。

## 八四、真　韻

**祝髮更爲念佛人，空門樂道且安貧；玉堂金馬我曾見，轉眼黍離幻不眞。**

〔註釋〕此亦大師的自述。初二句，述其所修之道。末二句，述其曾經閱歷的幻境。

「祝髮」——就是削髮出家。「玉堂金馬」——豪貴的宅第。金馬，就是金馬門的略稱，亦稱金門。漢書楊雄傳，有：「歷金門，上玉堂。」之句。「黍離」——詩王風篇名。周室東遷已後，有大夫行役過故都，見宗廟宮室盡爲黍離。因閔周室顚覆而作此詩。黍卽黃米。離爲草名，與稻相似。

## 八五、尤　韻

**不念深恩不念仇，恩仇當念一齊休；他人閒話無生忍，我坐彌陀大覺舟。**

〔註釋〕初二句——是說怨親平等，不起異念。大集經云：「於怨親中，平等無二。」智度論云：「慈心轉廣，怨親同等。」怨即是仇。親即是恩。

末二句——是說乘彌陀法船，入無生忍。不共他人閒話無生。楞嚴經大勢至菩薩圓通章云：「我本因地，以念佛心，入無生忍。」無生忍，就是將慧心安住於諸法實相不生不滅之理而不動。

## 八六、真　韻

**桃源雖好避苛秦，難免漁郎去問津；唯有西方極樂國，往生盡是玉麒麟。**

〔註釋〕此言逃避亂世，仍屬凡夫行徑，難免為塵緣所擾。唯有往生極樂，才能超凡入聖。

「桃源」——晉陶潛作桃花源記，說武陵有一漁人，偶入桃花林，林盡水源，別有天地，內有避秦時苛政的居民，與世相隔。今通稱可以避亂之地曰「世外桃源。」

「麒麟」——乃獸中之仁，足不踏生草，不履生蟲。故以之譬如白玉無玷的聖潔。孟子公孫丑篇：「麒麟之於走獸，鳳凰之於飛鳥，（略）聖人之於民，亦類也。」

## 八七、真　韻

**向上還看念佛人，一生補處證元因；非圖自了逃安養，入寂原爲顯本眞。**

〔註釋〕初二句——由末向本，進入極悟之境的行門，還是念佛。一生便補佛位，證明與因地的行願，並無違越。彌陀經云：「極樂國土，衆生生者，皆是阿鞞跋致，其中多有一生補處。」

末二句——並非但圖自了生死，而逃安養；原爲顯本覺眞如，而入涅槃。

## 八八、先　韻

**孜孜念佛莫休眠，一日數珠幾斷絃；念到情空色盡後，數珠拋向無生邊。**

〔註釋〕初二句——念佛要不休不眠的勤勉不怠。甚至一天把念珠的絃，都捻斷幾次。

孜孜，就是勤勉不怠之意。

末二句——念佛，要念到把有情執的心法，和有質礙的色法，都一齊空盡；才能進入無生的妙境，把念佛的數珠，拋向無生邊緣。

## 八九、陽　韻

**臨終歧路莫徬徨，認取蓮花瓣瓣香；一念頓超生死海，此番拋却臭皮囊。**

〔註釋〕初二句——臨命終時，不可徘徊歧路，莫知所由。要認定極樂蓮邦的蓮華，是我唯一往生托化的母胎。

末二句——只要把握着臨終一念，不使迷失；決定頓時超越了三界的生死苦海；也拋棄了這個五陰緣起，染汚不淨的臭皮囊。

## 九〇、東　韻

**全憑六字建奇功，字字分明念大雄。鬧是鬧非干我甚？老僧當作耳邊風。**

〔註釋〕初二句——要把「南無阿彌陀佛」的六字洪名，一字一字的念得淸淸楚楚。末二句——要屏絕是是非非的口舌爭論。前爲正念，後爲助道。

「大雄」——是佛的德號。佛爲絕世之雄，有斷惑伏魔的大力，故稱大雄。法華經湧出品云：「善哉善哉，大雄世尊！」

## 九一、真　韻

**無端械入五陰身，情急高呼救命親！幸許蓮胎還故我，一場噩夢幾秋春。**

〔註釋〕初二句——人生如被囚禁於五陰色身，不得自在；所以念佛要如小兒臨危，情急呼母。末二句——幸得蓮生極樂；回首娑婆，好像一場驚夢。前爲淨行，後爲證悟。

「械」——爲囚禁的刑具。「五陰」——色、受、想、行、識的五蘊，能陰覆善法，故亦名五陰。「噩夢」——噩與愕同。就是令人驚愕的惡夢。

## 九二、庚　韻

**凜然慧劍掛長庚，早晚一鳴賊自平；賊影不知何處所，長庚掛劍亦閒情。**

〔註釋〕此言，念佛法門，能斷煩惱；煩惱旣斷，則早晚念佛，亦是閒情逸致。

「慧劍」——寶積經云：「文殊執劍馳往佛所，佛言，殺貪瞋痴身，令諸衆生，悟慧劍法門，破煩惱賊人。」故今以念佛法門爲「慧劍」；煩惱爲「賊」。

「長庚」——亦名啓明。朝見於東，故名啓明；暮見於西，故名長庚。詩小雅大東篇云：「東有啓明，西有長庚。」故今以長庚譬西方淨土。

## 九三、庚　韻

**欲平亂賊氣當兵，一氣彌陀十念成；乃至百千萬億念，捷音先報法王城。**

〔註釋〕這是說，以氣束心的「十念」念佛法則，最易得念佛三昧，破煩惱賊，感應甚捷。故曰：「捷音先報法王城。」

「十念」——就是以一口氣爲一念，不拘多少，氣竭爲止。然後換一口氣再念，這樣十番輪念，就叫做十念。不過，以十念爲最少限度的基數，並非以十念爲滿足。故曰：「乃至百千萬億念。」

## 九四、先　韻

**蒲團趺坐似參禪，不使俗情物外牽；諸念息時好念佛，離塵先要絕塵緣。**

〔註釋〕這是說，念佛人要置身物外，不爲世俗情妄所牽。如此諸念息滅，才好念佛。當知要想出離塵網，須先絕諸塵緣啊。

「物外」——就是世外。唐書元德秀傳：「結廬山河，彈琴讀書，陶陶然置身物外。」

「塵緣」——就是色、聲、香、味、觸、法等的六塵之境。圓覺經云：「妄認四大爲自身相，六塵緣影，爲自心相。」

## 九五、庚　韻

**心田無稅好經營，不問收獲只問耕；念亟渾忘霜夜冷，子規啼血月三更。**

〔註釋〕此言，念佛如經營心田，要勤耕不輟。又如子規夜啼，悲聲痛切。

「心田」——心能生善惡之苗，故名心田。古尊宿錄曰：「潙山曰：直得沒交涉，名運糞人，汚爾心田。」

「子規」——鳥名。亦名杜鵑，亦名杜宇。此鳥鳴聲淒厲，能動旅客歸思。故今以喻念佛悲聲痛切。

## 九六、寒　韻

**曾涉愛河白骨灘，歸來懶下望鄉壇；哭乾眼淚是眞哭，念佛能如不念難。**

〔註釋〕此言，因爲曾經閱歷過煩惱生死的慘痛教訓；所以才渴望佛國，如望故鄉。

師自釋謂：「吾人念佛時少，不念佛時多，對念佛的淨念生疏，不念佛的雜念熟習。如能換少為多，換生為熟，即是「念如不念」，那是很難的喲。」

## 九七、庚　韻

**一字一聲一淚傾，將聲和淚訴衷情；死期迫近風前燭，不至往生不歇聲。**

〔註釋〕此言，念佛人對娑婆的極苦，惟恐不能出離；對淨土的極樂，惟恐不能往生。如是，非出離娑婆，不能往生淨土；非往生淨土，不能出離娑婆。情勢迫切，不禁聲淚俱下，如泣如訴。

## 九八、侵　韻

**林下呼童掃綠陰，閒來調我無絃琴；自從看破紅塵後，一曲彌陀彈到今。**

〔註釋〕此寫念佛人的閒情逸致。既已看破紅塵，放下一切，念起佛來，也有格律聲調，猶如彈琴。

「紅塵」——班固的西都賦有：「紅塵四合，煙雲相連。」之句。後人即以紅塵喻熱鬧繁華。

## 九九、庚　韻

**道人無事亦無諍，常掃空庭待月明；六字清商聊自賞，廣寒宮下譜心聲。**

〔註釋〕此寫念佛人與物無諍的超然風格；念佛的格調，也有如表達心聲的清商樂譜。

「無諍」——無勝負心，無人我見，叫做無諍。佛說須菩提得無諍三昧，人中最爲第一。

「廣寒宮」——唐明皇夢遊月宮，見有榜示曰：「廣寒清虛之府」。胡宿詩：「杯酒易消殘夢斷，却疑身在廣寒宮。」

## 一〇〇、侵　韻

**聲聞菩薩盡知音，且扣心絃調素琴；一曲未終神已往，蓮臺獨步最高岑。**

〔註釋〕初二句——一是指先已往生的聲聞菩薩，盡是淨土行者的知音人。二是以素琴譬念佛人的心智，誠樸無華，清淨無染。

「末二句——是一念之間，迅疾往生上品蓮位。往生要集上曰：「大悲觀世音申百福莊嚴手，擎寶蓮臺至行者前。（略）當知草菴瞑目之間，便是蓮臺結跏之程。」

——淨土百絕吟草釋要完——

# 第一屆佛七開示

我們一年一度照例要起建的念佛法會，所謂「打佛七」的日期又到了。不慧應本山法會的邀請，利用休息時間的空閒，給諸上善人講幾句有關念佛法要的話，這是義不容辭的事。

## 一、打佛七的意義

### 1、何謂打佛七

我們修淨土的人，雖不能說時時刻刻在念佛，可以說是天天在念佛，爲什麼還要打佛七；說「念」不好嗎？爲什麼要說「打」？很多人不了解打佛七的「打」字，便認爲這是一句講不通的俚俗之詞。不知「打」字的意義，除了「打擊」之外，還有三種重要的解釋：一是當「作起」講，譬如：替人家幫忙作事，叫做打雜；作文章起稿，叫做打稿。打佛七，就是作起七天念佛法事。二是當「從」字講，如說：打那條路走；打那道門進。打佛七，就是從七天念佛的這條路走，這道門進。三是鼓勵的意思，如說：打起精神。打佛七，就是打起七天念佛的精神。合起來講，就是說：大家打起精神，作七天念佛法會，一齊從這條路，這道門，走進佛國——西方極樂世界。否則：像平日那樣各別散念，難免有俗務塵勞，打你的閒岔，就不能具有這打佛七克期求證的重大意義了，所以要打佛七。

## 2、佛七日期的選擇

爲紀念阿彌陀佛的誕辰，統一規定佛七自農曆十一月十一日起，至十七日——彌陀誕辰圓滿，阿彌陀佛是示生在距此土西方十萬億佛土的極樂世界，本土沒有歷史可考，我們的教主釋迦牟尼佛，也僅只告訴我們說：「阿彌陀佛成佛以來於今十劫」，並沒有提及他老誕生的年月日，我們何以知道是十一月十七日呢？這到有一樁公案。據說：宋太祖開寶八年，杭州慧日山永明寺，有一位智覺禪師，名叫延壽，是吳越忠懿王錢俶的皈依師。有一天錢俶想設齋供僧，問延壽禪師：「現在有沒有高僧」？禪師說：「高僧有的是，可惜沒人認得，那個長耳和尚，不就是定光佛再來嗎？」原來有一個不修褊幅，敝衣垢衲，和光混俗，終日踉蕩在街頭巷尾的和尚，因爲他的耳朵很長，所以人都稱他長耳和尚。錢俶一聽說長耳和尚是定光佛再來，卽備辦盛筵，恭請長耳，至誠供養，臨席長耳詢知是延壽禪師洩露他的秘密後，便說一句：「彌陀饒舌」，就卽座圓寂了。錢俶這才知道延壽禪師是彌陀化身，卽趕往永明寺時，延壽禪師亦已坐化了。凡佛菩薩再來密化，必定臨到攝化歸本的時候，才許說出他的來歷，說畢卽去，所以後人就以延壽禪師的生日，當作彌陀的誕辰紀念了。

## 3、何謂念佛

我們念佛人，不可不知什麼叫做「念」？什麼叫做「佛」？什麼叫做「念佛」？今略說如左：

什麼叫做念？念是憶念不忘，分染淨二種：一念不覺叫做染；一念覺叫做淨。衆生於所對的一切境，分別計取，三世遷流，刹那生滅的心行，就是不覺的染念，離此不覺的染念，就是覺的淨念。所謂：『念念住著，名之是染，念念捨離，名之爲淨。』，起信論以一心而開生滅眞如二門，卽是以此不覺的染念爲心生滅門，離此不覺的染念爲心眞如門，生滅眞如本無差別，只在一念覺與不覺而已。所謂：『迷之則生死始，眞如擧體而爲生滅，悟之則輪廻息，生滅當體便是眞如。』我們這裏所說的念，卽是離於不覺的生滅染念，而趣於覺的眞如淨念。

什麼叫做佛？佛的意義深廣無窮，簡單的說，佛就是覺者。有二種解釋：一種是：本覺、始覺、究竟覺三義，佛就是究竟的大覺者。何謂本覺？本覺就是衆生本來就有的覺性——佛性。惟因迷此本覺佛性，起惑造業，才淪爲不覺的衆生，然此覺性在衆生的迷位，雖歷三塗六道，亦不失壞。譬如眼裏生病的人，光明雖被翳障而依然存在。故諸大乘經總是說：「一切衆生，本來是佛。」又說：「一切衆生本元眞如，與十方佛無二無別。」所以叫做本覺。何謂始覺？一向迷了的本覺佛性，因聽經聞法的增上熏修之故，今始覺悟。譬如眼翳初癒，漸露光明，所以叫做始覺。何謂究竟覺？本覺屬於理體，始覺屬於正智，以本覺理體爲內因，遇修學外緣，因緣具足，才發起始覺的正智，再以始覺還照本覺，破一切無明惑盡，完全恢復了本具的理體覺性，究竟清淨，譬如眼翳全癒，光明畢露，便是究竟大覺的人，是名成佛。二種是：自覺、覺他、覺滿三義，佛就是覺行圓滿的人。何謂自覺？就是由於本覺內因，遇修學外緣而起的始覺，了知蘊等生滅法中，自有其本具不生滅的佛性，如是稱性起修，決定成佛，是名自覺。何謂覺他？雙運悲智，以自覺的道理，輾轉去教化他人，使他人也同自己一樣的覺悟，一樣的可以成佛，是名覺他。何謂覺滿？斷五住煩惱——見、思、塵沙、無明等惑，則自覺圓滿；歷刼修行，度無量衆生，則覺他圓滿；這兩種功行，都圓滿了，就叫做覺行圓滿，是名成佛。十方三世恒沙諸佛，無量無邊，我們這裏所講的是西方極樂世界的阿彌陀佛。

什麼叫念佛？我們要想恢復我們的本覺佛性而成佛，必須要見佛聞法，常隨佛學；要想見佛聞法，常隨佛學，必須要往生佛國；要想往生佛國，必須把我們從無始時來的無明妄念止息了，一心念阿彌陀佛，也就是關閉了一心二門的生滅門，敞開了眞如覺性之門。此二門好像中間有個活塞，此開則彼閉，此閉則彼開，如此一念念佛一念覺；念念念佛念念覺；妄門漸閉，眞門漸開，直念到心佛不二，心境一如：妄門全閉，眞門全開；則佛與佛國，直下取證，何況命終佛來接引，決定往生呢。所謂：「十世古今不離當念，微塵刹土不隔毫端」，是名念佛。

## 二、爲什麼要念阿彌陀佛求生西方

或問：念他佛求生他方不是一樣嗎？爲什麼要念阿彌陀佛求生西方呢？答：念佛人不應有此疑問，否則，我們這個法會，就成爲一場毫無意義的鬧劇了，要知道這是個不成問題的問題，假使教你念他佛，求生他方，你這個問題依然存在，輾轉成爲戲論，何況念阿彌陀佛求生西方確有其超勝一切的道理呢，今將其超勝之處，略說如左：

### 1、橫超三界

衆生以妄心緣妄境，迷於三界生死苦海，不得出離。佛爲使其妄心止息，定於一境，橫超三界故，所以獨指西方，令念彼佛。何謂橫超三界？三界衆生，好像一根竹竿裏的蟲子，要想從縱的方向鑽出很難，非把一節一節都咬破不可。要從橫的方向鑽出，則非常容易，只要把側壁咬穿一個洞就行了，衆生亦爾，要想出離三界，修其他法門很難。學教吧？這宗那宗：什麼法相的五重唯識觀啦；天臺的三止三觀啦；華嚴的法界三觀啦，光是名相就够你數的了，眞是入海算沙。學禪吧？這派那派：什麼洞山的麻三斤啦；雲門的乾矢橛啦；黃檗的棒臨濟的喝啦。這教我們今天的末法衆生去參，也和竹竿裏的蟲子想從縱的方向鑽出一樣，眞比登天還難，惟有念佛一法，最爲簡捷，只要心定於西方一境，把一句「南無阿彌陀佛」的六字洪名持念到家就行了，也和竹竿裏的蟲子從横方向鑽出一樣的容易，所以叫做横超三界。

## 2、絕待極樂

三界人天，也有所謂的樂境，但不是絕待的樂，而是待苦之樂，待苦之樂是苦樂相兼，乍樂還苦，並非眞樂，不得稱之謂「極」。惟有西方極樂世界的樂，不是待苦的樂，而是絕待的樂。絕待的樂是純樂無苦，一樂永樂的眞樂，始得稱之謂「極」。所以經云：「其國衆生，無有衆苦，但受諸樂，故名極樂」這和我們的娑婆世界是整個相反的，因爲我們這個世界的衆生是無有諸樂但受衆苦喲！怎見得呢？請往下聽。

娑婆世界的衆苦，通常說有八種：①生苦——小兒在母胎中及出胎時之苦，但聽他墮地時，那一陣呱呱的哭聲，就可想而知了。②老苦——人老了，血管硬化，機能衰退，六根都失了作用，看不見，聽不着，腰痛腿酸，你說苦不苦吧？③病苦——有病的人展轉床褥，叫苦連天，服藥開刀，死去活來，那怕你是個英雄好漢，也無法抗拒。④死苦——俗話說「苦得要死」，可見死是最苦的了。你看人到臨死時那個苦相：咬牙、攢拳、瞪目、伸腿，眞是難以形容。⑤愛別離苦——最親愛而不願別離的關係人，偏偏被天災人禍所逼迫，非別離不可，尤其是臨死時，不但親愛的人要別離，連生前捨不得的寶貴東西，也得忍痛拋卻。⑥怨憎會苦——自己最不願和他相會的怨家對頭，偏偏狹路相逢，或爲眷屬，或爲同事，躲也躲不開。⑦求不得苦——俗話說「人生不如意事，常十有八九」，求名不得名，求利不得利，求偶不得美滿因緣，別看這苦不算啥，有人因此罹病甚至自殺者。⑧五陰盛苦——四大假合的色身叫「色陰」；前五識領納五塵之境，覺有苦樂諸受叫「受陰」；第六識攀緣六塵，憶想分別叫「想陰」；第七識恒審思量，念念遷流叫「行陰」；第八識執持現生所造善惡種子，去承受後生的果報叫「識陰」。陰是覆藏之義，因爲這五種東西，把我們的本覺智慧覆藏了，所以我們才造業受報，爲衆苦所集，故名『五陰盛苦』。以上八苦，在我們這個娑婆世界的衆生，是皆大平等，無論富貴貧賤，誰也免不了，所以說沒有諸樂但受衆苦。

西方極樂世界，何以和我們娑婆世界相反，無有衆苦，但受諸樂呢？因爲彼國衆生，是蓮華化生，不是出自母胎的，所以沒有生苦，但受無生之樂。因爲彼國沒有春夏秋冬寒熱的季節，永遠保有適當的溫度，人的形色常不衰朽，所以沒有老苦，但受不老之樂。因爲從蓮華化生的身體，不是血肉之軀，身心器界，一塵不染，所以沒有病苦，但受無病之樂。因爲他們的壽命，是無量無邊阿僧祇劫，所以沒有死苦，但受不死之樂。因爲他們都是從蓮華化生，沒有父母、妻子、兒女和男女的性別，在一起相處的，都是聲聞菩薩，又以神通力故，雖常各以清旦，供養他方十萬億佛，但於食時卽還到本國，所以沒有愛別離及怨憎會苦，但受無愛離憎會之樂。因爲他們是天衣天食，要什麼有什麼，所以沒有求不得苦，但受有求必得之樂。因爲他們的依正二報，都是清淨的，內無緣塵之心，外無所緣之塵，所以沒有五陰盛苦，但受自在輕安之樂。西方世界絕待極樂的實況，本非言語所能道，這不過是透露一點消息而已。

### 3、不退菩提

念阿彌陀佛求生西方，最超勝之處是『不退菩提』，修行人在未登不退地以前，總是進進退退，退退進進，不定幾進幾退，幾退幾進，才能得無功用智，念念入眞如門而永不退轉，念佛人則無此失，始自發願往生，終至成佛，一直是不退轉的。何以故？爲佛大悲大願所攝持故；常聞法音宣流所熏修故；與諸上善人俱會一處，影響所及故；壽命無量，修學無間故，所以經上說：『若有人已發願，今發願，欲生阿彌陀佛國者，是諸人等，皆得不退轉於阿耨多羅三藐三菩提』，又說：『極樂國土衆生生者，皆是阿跋致』。由此觀之，可見念阿彌陀佛求生西方，不是但爲享樂，而是爲於無上菩提，得不退轉。初住以上菩薩，破見思惑，於三賢位永不退於外凡，名『位不退』；初地以上菩薩，伏塵沙惑，於利他行永不退失，名『行不退』；八地以上菩薩，破根本無明，於中道正念永不退失，名『念不退』；往生淨土，於一生補處永不退失，名『處不退』。如是不退，任運增進，登如來地，即是於無上菩提，得不退轉。

以上所說三項：是問『爲什麼要念阿彌陀佛求生西方』的簡單答案，請各位細細參一下，看看對不對。

## 三、總持萬法普被三根

外道不信佛，不懂佛法，只知道佛教是念阿彌陀佛的教，卻不知念佛爲何事。聽說有一位外道的傳教士，一日閒步街衢，猝然看見路旁有一座佛寺，卽連聲叫喚阿彌陀佛！阿彌陀佛!!吓得面無人色，抱頭鼠竄而去！這到不足爲怪，最奇怪的是佛門弟子，也有不信淨土，不懂淨土，甚至卑視淨土的，對人滿口這宗那宗談得特別起勁，一談到淨土便鬆了勁，說那不過是接引鈍根的老太婆宗。言下大有他自己是上智利根的人不屑談此之概，不知淨土是總持萬法普被三根的惟一法門，誠如古德所云：『若智若愚皆有分，是男是女總堪修。』

### 1、何以說是總持萬法

法門無量，惟以念佛爲總持。譬如電燈的總開關，電話的總機，一切電燈，一切電話，都以其總開關或總機爲樞紐，一切法門，亦復如是以念佛爲樞機，就以臺家的三止三觀來說吧。三止是：㈠體眞止——體念諸法性空之眞理而止息一切攀緣的妄想，這是對於空觀的止。念佛人念到一心不亂，則一切攀緣妄想自然止息；一切妄想止息了，也自然證入法性空的眞理，即是體眞止。㈡方便隨緣止，又名繫緣守境止——菩薩知空非空，止息於諸法如幻之假理而不動，分別藥病，化益衆生。知空非空叫做方便，分別藥病化益衆生叫做隨緣，這是對於假觀的止。念佛人知娑婆如幻，雖繫念於西方一境，不妨隨緣隨分以一句彌陀聖號化益衆生，即是方便隨緣止。㈢息二邊分別止，又名制心止——第一止偏眞，第二止偏假，都非中道，今知眞而非眞，則空邊寂靜；假亦非假，則有邊寂靜；息眞假二邊而止於中道。這是對中觀的止。念佛人雖一心不亂而熾然念佛；雖熾然念佛而一心不亂。熾然念佛，則空邊寂靜；一心不亂，則有邊寂靜。即是息眞假二邊而止於中道。三觀是：㈠空觀——觀諸法無性的空諦。㈡假觀——觀諸法如幻的假諦。㈢中觀——觀諸法非空非假的中諦。止是止息妄念降伏煩惱。觀是以觀照智慧斷除煩惱。非止息妄念不能深入觀智；非深入觀智不能止息妄念；非止觀融通不能契會眞如。止即觀；觀即止；三止即三觀；三觀即三止。如是止觀，敎法師們講起來，眞是雲裏霧裏，誰知道都被淨土念佛一法很輕鬆的收攝到六字洪名的鏡頭裏去了。其他如華嚴宗的法界觀，法相宗的唯識觀等，皆文豐義廣，卽使是專家學者，盡其一報身，也不見得能弄個靑紅皂白，何況修行？今但舉臺宗的止觀爲例，可以比知，也不會出乎淨土法門的範疇。

玆再舉經爲證：法華經是開權顯實的一乘佛法，臺家尊之爲經王，但也爲念佛法門之所賅攝。何以知之？請聽下面的兩段經文便知，法華經藥王本事品裏有這末一段：『若有人聞是經如說修行，於此命終卽往安樂世界，阿彌陀佛大菩薩衆，圍繞住處，生蓮華中寶座之上』。彌陀經裏也有這末一段：『聞說阿彌陀佛，執持名號，若一日，若二日……若七日，一心不亂，其人臨命終時，阿彌陀佛與諸聖衆，現在其前，是人終時，心不顚倒，卽得往生阿彌陀佛極樂國土。』倓虛大師舉此兩段經文作證說：『法華經就是廣說的彌陀經，彌陀經就是略說的法華經』。此老確是獨具法眼。若再把這兩段經文加以硏究，則彌陀經不但是法華的略說，簡直是一句彌陀聖號卽可收修全部法華之效，法華經是一乘佛法，尙未被一句彌陀所漏失，何況他經？

玆再舉經爲證：彌陀經裏有這末一段：『聞是經受持者，及聞諸佛名者，皆爲一切諸佛之所護念，皆得不退轉於阿耨多羅三藐三菩提。』阿耨多羅三藐三菩提，是諸佛現證的無上覺，可謂萬法之本元，沒人敢說佛所說的那一法門的方針不是指向這一總目標的，聞是經受持者，及聞諸（語助詞）佛名者，都是念阿彌陀佛的人，因念出於心聞入於心故。那末，持名念佛，旣能於無上菩提永登不退而圓滿成就，豈非總持萬法嗎？

## 2、何以說是普被三根

只要不是沒有善根的一闡提，無論是明利的上根，闇鈍的下根，不利不鈍的中根，都爲淨土念佛利益之所普被，並非所謂專門接引鈍根的老太婆宗。玆擧證如左：

位居西方三聖之一的大勢至菩薩，不算鈍吧？但他卻是由於修念佛法門而往西方位列三聖的，所以楞嚴經大勢至圓通章云：『我本因地，以念佛心，入無生忍，今於此界，攝念佛人，歸於淨土』。此外，出家人尚有：文殊、普賢、馬鳴、龍樹諸大菩薩，及我國晉之慧遠，明之蓮池、藕益，中華民國之印光諸大師等，也不算鈍吧？但他們也都是以淨土法門自行化他的。在家人歷代也有不少知名之士，如：唐時的白香山，宋時的蘇東坡諸大居士等，也不算是鈍吧？但他們也都是念阿彌陀佛歸命淨土的，怎能說這是專門接引鈍根的老太婆宗呢？我們無論在家出家，應當捫心自問：我們的智慧，比大勢至菩薩，乃至歷代修淨土的大士們如何？倘若不如，何不把自己當作一個老太婆，老老實實的念佛呢？只要往生西方，不管老太婆不老太婆，都與阿彌陀佛一鼻孔出氣，有啥分別？

# 四、念佛訣要

念佛一法，雖是普被三根的易行道，但也不是像叫化子打『蓮花落』一樣的亂念一通，而是有其一定的訣要的，今將此訣要略說如下：

## 1、集積三資糧

修淨業須具足三資糧，資糧就是俗話說的路費。譬如去臺北，沒有路費就無法登程，修淨業亦復如是，不具足三資糧就無法上路。何謂三資糧？（一）信——信為一切功德法之所由生。孔子說：『人而無信，不知其可也。』又把無信的人，比作『大車無輗，小車無軏。』又說：『自古皆有死，民無信不立』。彌陀經有云：『汝等衆生，當信是稱讚不可思議功德之利』。華嚴經上說：『信為道源功德母，增長一切諸善根。』所以念佛人應以信有西方極樂世界，淨妙莊嚴，持名念佛決定往生為第一資糧。（二）『願』——願由信發，為一切功德之準則。孔子說：『三軍可奪帥也，匹夫不可奪志也。』。彌陀經上說：『若有衆生，聞是說者，應當發願，生彼國土。』匹夫尚不可奪志，修行人豈可不發願，所以念佛人應以發願往生為第二資糧，（三）『行』——行依願起，為一切功德法之實修。所以念佛人應以執持名號切實修行為第三資糧。這三資糧有如伊字三點，缺一不可。不立信則願無從發，何況修行；不發願則行無準據，雖信無益；不修行則願徒虛發，信亦枉然。

信願行要虔誠專一，不可三心二意，不光念佛，還要去拜媽祖，一貫道也有一份，像這樣念佛，只是湊湊熱鬧，把閒中的光陰打發過去就算了，根本談不上信願行。就是專一念佛的人，如果以佛爲神，目的在祈保平安，也與三資糧毫不相應。要知道，佛不是神，如果把佛當作神念，就好像認父作賊，認賊作父一樣，結果父也不是父，賊也不是賊，眞好笑。更應當知道三界裏根本沒有平安可保，無論是佛是神都不能保你在三界裏不受生老病死等的衆苦，要想眞正平安，除非籌辦資糧到西方極樂世界去享受那沒有衆苦但受諸樂的淨報。

有人說：照你這樣講，念佛人只要信願行三資糧就夠了。那末！戒定慧三學，及經律論三藏，不是都沒有用了嗎？那知念佛人並沒有廢棄三學及三藏經典，不過修淨土是以事契理，以行合解，雖不講三學三藏，而三學三藏自在其中。何以故？諸經多說定，諸律多說戒，諸論多說慧。是則戒定慧三學，就是經律論三藏。念佛人聞說阿彌陀佛執持名號，信而行之，頓斷疑網，就是聞思修的三慧。誓願往生，堅定不移，不爲利、衰、毀譽、稱、譏、苦、樂等八風所吹動，就是斷除煩惱，止息妄念的正定。一念念佛，更無二念，就是防過止非的三聚淨戒。是則，信願行三資糧，就是戒定慧三學。如此三學卽三藏，三資糧卽三學，怎能說念佛人對三學三藏都沒有用了呢？現有三學三藏作證，還有人不信淨土，如果當來經藏滅盡，佛以慈悲力故，獨使念佛一法，住世百年，豈不更無人信奉了嗎？所以世尊廣說三學約歸淨土，自嘆『爲一切世間說此難信之法，是爲甚難』。

孫中山先生倡『知難行易』學說，以先知先覺爲革命的發明家；後知後覺爲革命的宣傳家；不知不覺爲革命的實行家。當時何嘗沒人反對，然而！實行家後來的豐功偉業，竟是他推翻專制建立民國的理想，這些不知不覺的實行家，也就從實踐革命的行動中，陶冶成爲大仁、大智、大勇的三達德了。修淨土亦復如是：釋迦牟尼佛教我們持名念佛，就是成佛的發明家；諸大菩薩及善知識等勸我們念佛，就是成佛的宣傳家；我們毫不猶豫的依教奉行，就是成佛的實行家；將來成就往生西方，永登不退的淨業，也就契合了阿耨多羅三藐三菩提的最高理境；成就淨業的衆生，也從修行的歷練中悟到本來。如果要不籌辦資糧，往生淨土；但從戒定慧的三學入手，恐怕末法衆生，縱歷無邊生死，也難以達到無上菩提百千萬億分之一的理境吧？何況卽生了脫。

我們旣知信願行三資糧，滿含着戒定慧三學的成份，卽應隨時以三學來充實三資糧，多看三藏經典。以離於愚痴的增上慧學，充實信的資糧；以離於散亂的增上定學，充實願的資糧；以諸惡莫作，衆善奉行的增上戒學，充實行的資糧。如此三學爲充實三資糧而學，三資糧爲往生淨土而集積，以此念佛，何患乎不能往生？

## 2、正解帶業

有人誤會念佛能帶業往生，於是一邊念佛，一邊造業，甚至五逆十惡，無所不爲。這種人雖口在念佛，心裏決不是在念佛。因爲他所籌辦的資糧，不但沒有戒定慧三學的成份，而且充滿了自戕慧命的毒素。不但不能往生，而且還要墮無間地獄，萬劫不復哩。難怪人家罵他假冒爲善。你沒想想，淸淨莊嚴的佛國，旣沒有衆苦，又沒有三惡道，怎麼會允許這種人把無始來的煩惱染業都帶到那兒去呢？舊業尙不許帶，何況新業。一羣壯士問佛說：「還有比佛的神通大的沒有」？佛說：「有！業力比我的神通還大，我馬上就要到娑羅雙樹去涅槃了」（見遊行經）。這是世尊對我們極盡善巧的開示。業力旣比佛的神通大，他只有拖着你，你怎麼能帶得動他。修淨土是要擺脫業力的拖累，不是把業帶走。慢說不能帶，即便能帶，我們也決不帶他。帶着傳染病的人，無論到那一國去，都不准他入境，何況帶業往生佛國。然業力雖比佛的神通大，但還抵不住我們的念力。因業由念起，還由念滅故。一念具足十法界，旣能以染念留難三界爲業力所拖累，那有不能以淨念往生佛國擺脫業力的拖累之理？

當知所謂帶業往生的帶字，是牽引之義，我們一向因無始一念不覺，被業力所牽引，例如：遇順境不能不貪；遇逆境不能不瞋，旣貪且瞋豈非愚痴？就這樣被他牽來牽去，在六道中輪廻不已，一點也不能自由。如今我們那不覺的一念，因念佛而覺了。不但不被業力所牽引，反而要牽引著業力，敎他跟着我們走。走到順境，也不以爲是順而起貪愛了；走到逆境，也不以爲是逆而起瞋恚了。不貪不瞋，當非愚痴。就這樣一聲彌陀，萬緣俱寂，自由自在的走進佛國，試問！此時業力何在？如是往生，名爲帶業，實則是消業往生。

觀無量壽經有云：「佛告阿難及韋提希：下品下生者，或有衆人，作衆惡業……命欲終時……智者復敎合掌叉手稱南無阿彌陀佛。稱佛名故，除五十億劫生死重罪。爾時彼佛卽造化佛，化觀世音，至行者前讚言：善哉！善哉！善男子，汝稱名故，諸罪消滅，我來迎汝」。這是消業往生的明證，並非不慧杜撰。奉勸諸上善人，萬勿錯會帶業往生之義，一邊念佛，一邊造業。以致道高一尺，魔高一丈，始終擺脫不了業力的控制。戒之！戒之！

## 3、一心不亂

衆生因無始不覺妄想心動，不能無念。今敎念佛，以念止念。諸念止時，一念寂然，是卽一心不亂。這不但是彌陀一經畫龍點睛之處，而且是一切法門的宗趣。然如何能使一心不亂，論理則千經萬論不離此法。論事雖淨土專宗亦未具體顯示。此在行人隨機而立，故佛不說。自古大德見仁見智，各有發明，今略說二種於後。

一、事一心——持佛名號，一心繫念，字字分明，一句接一句的繼續不斷，行住坐臥，惟此一心，更無二念，不爲貪等雜染所混亂。無論在空閒寂寞時；煩惱紛起時；顯耀得志時；顚沛流離時；都以這一念念佛心去排遣他。這雖在事上能一其心，但於本源心性尚未徹悟。所以名「事一心」。

二、理一心——不但持念佛名，還要體究本源心性。此亦有二：①心佛不二——除能念之心外，別無所念之佛，是心卽佛。除所念之佛外，別無能念之心，是佛卽心。如此能、所雙忘，心佛一如，是爲心佛不二。②離言絕思——能念之心，靈知不昧；所念之佛，歷歷分明；不能說是無而非有。能念之心，虛妄無實；所念之佛，了不可得；不能說是有而非無。有念無念，同時俱存，不能說是非有非無。有念無念，同時俱泯，不能說是亦有亦無。如此能、所之情空，有、無之見盡，是爲離言絕思。由於心佛不二，離言絕思故，則本源心性，清淨無爲之理，徹底了悟。所以名「理一心」。

事依理起，理因事顯。譬如：吃飯之事，起於飯能充饑之理；飯能充饑之理，因吃飯之事而證知。理卽事之理，事卽理之事，事理不可偏廢。然執理而性實未悟，縱能一心，亦坐斷滅之病。著事而淨念相續，久之自能契理。縱不能一心，而生品之功，亦不唐捐。所以我們念佛人除非利根特殊，寧可著事，不可執理。依此持念，又分六法：

1明念——一字一聲，發於心、出於口、聞於耳、還納於心。如是週而復始，循環不已，是名明念。

2默念——明念如嫌費力，不可勉强，卽應改爲默念。默念就是在心裏念佛，不要出聲。但也要和明念一樣，似有聲發於心、出於口、聞於耳、還納於心，以防昏沉。這是都攝六根，不使緣塵之法。

3金剛念——如默念昏沉，不可思眠，卽應改爲金剛念。金剛念，就是微動唇齒，似有聲似無聲，綿綿密密的如密宗之持咒然。但也要如默念一樣的攝根。

4十念——以一口氣爲一念，不拘多少，氣竭爲止，然後換一口氣再念。如是十番，名爲十念，這是以氣束心之法。又可斟酌忙閒，少則十念，多則百千萬念不拘，在家念佛最宜此法。

5悲念——深體我與衆生，無始時來，造業無邊，生死重罪，惟佛能救。大聲急呼，悲心痛切，如子呼母，感應甚捷。逆境之人，最宜此法。

6喜念——想一切世間所有，盡是無常，都非善法，一切善法，莫如念佛，我今彌陀在念，尚復何求，如是悠悠揚揚，充滿法喜，感應亦捷。順境之人，最宜此法。

末法衆生，障重根鈍。雖有多法可資採用，也不一定馬上就能一心不亂。不是不能，而是工夫未曾到家。有人初念就想一心，因不能一心，隨卽悔退，改修餘門，深爲可惜。要知淨土一門，機無不攝，上品上生，下品下生。只要信願堅定，如法行持，不管他心亂不亂，我只管念我的佛，久之自能一心。卽使不能念到心佛一如，入三摩地，破根本無明，臨終蒙佛接引，往生常寂光土；或破一分無明，生實報莊嚴土；至鈍亦能調伏意識，使之不起，臨終，亦能蒙佛接引，往生方便有餘土。雖下品往生，亦得永階不退而成佛道。

## 五、淨土偈頌選釋

香山居士，名居易，字樂天，唐元和進士，歷任江州司馬，杭蘇二州刺史，刑部尙書等職，致仕歸，居河南洛南之香山，與詩僧如滿結香火社，專修念佛，著有念佛偈行於世。偈曰：「余年七十一，不復事吟哦。看經費眼力，作福畏奔波。何以度心眼，一聲阿彌陀。行也阿彌陀；坐也阿彌陀；縱饒忙似箭，不廢阿彌陀。日暮而途遠，吾生已蹉跎。旦夕淸淨心，但念阿彌陀。達人應笑我，多郤阿彌陀。達應作麼生？不達應如何？普勸法界衆，同念阿彌陀」。

東坡居士，名軾，字子瞻。宋嘉祐進士，知黃州時，嘗與廬山之佛印禪師，以章句相互酬答。亦專修念佛，其題佛像偈云：「佛以大圓覺，充滿十方界。我以顚倒想，出沒生死中。云何以一念，得往生淨土？我造無始業，一念便有餘；既從一念生，還從一念滅；生滅滅盡處，則我與佛同。如投水海中，如風中鼓橐，雖有聖者智，亦不能分別。願我先父母，及一切衆生，在處爲西方，所遇皆極樂，人人無量壽，無去亦無來」。

這二位在家念佛的大士所作的偈，都是從實修實證，深切體驗中所發的誠實言。文樸而義盡，並非談玄說妙的空洞理論。未嘗不可作爲我們淨土行者的西方指歸，今將其逐句略釋如下：

### 1、香山念佛偈略釋

**余年七十一**——這是對無常苦空的感歎！俗話說：「人生七十古來稀」。眼看老苦將盡，死苦不遠，回首前塵，都如鏡華水月；再往後看，又是無邊生死，還不知輪廻到六道何鄉。元中峯淨土詩云：「塵沙劫又塵沙劫，數盡塵沙劫未休，當念只因情未撤，無邊生死自羈留」，該是何等的痛切！念佛人第一要知道三界生死之苦，無常之空，才能放下一切。

**不復事吟哦**——這是放下的意思。衆生最難放下的包袱：武人是他的戰功，文人是他的文章。王勃做鬼，還放不下他滕王閣序中最得意的兩句：「落霞與孤鶩齊飛，秋水共長天一色」。逢人便高聲朗誦。香山是大文學家，尤擅詩詞。「不復事吟哦」，不是因爲年老不能吟哦，而是放下他的包袱，不再從事於平生那些沈湎於迷情的吟哦了。若說不能吟哦，這章念佛偈不是吟哦嗎？我們念佛人往往在家的放不下家，出家的放不下廟，還說念佛不靈，豈不寃哉枉也？聽說從前印光大師，不肯輕易說法，有一次被在家弟子們再三敦請，無法推辭，才答應下來。屆時誰知道他老一昇座，先閉目約十分鐘後，猛開眼拍案一聲！只說一句：「放下吧」！就下座去了。事後有人嫌他吝法，嘖有煩言。他說：「我並非吝法，這些居士，我大概都認識，他們的學問以及對內典的研究，個個都比我强，還用我講給他們聽嗎？所差的就是不能放下，所以我只說一句教他放下就够了，何須饒舌」。念佛人不但要放下名利，卽恩恩怨怨一切舊緣，乃至身心都要放下，才能上路。否則，就像田螺一樣，身上老是背着那末一個難割難捨的殼子，怎麼能走出三界，往生西方。

**看經費眼力，作福畏奔波**——這是說餘門修行都來不及了。經典的文義深廣已如前說，不但老年人看經費眼力，就是年青人也很吃力。吃力不大緊，若看錯一句，便有失足落崖之險，誤己亦復誤人。曾記昔年有一位朋友，坐在黃包車上把鈔票沿街亂撒，有人問他爲什麼要這樣？他說：「你們不懂佛法，這叫不住相布施喲」。您看危險不危險？作人天福業吧，又要到處奔波，也不是年老人所能吃得消的。不但現在作業時要奔波，就是將來感得人天福報，也還是在三界裡奔波。奔來奔去，不知何時是了，豈不可怕？

**何以度心眼，一聲阿彌陀**——這是說非念佛不可。「度」是解脫。衆生的觀念，是以妄心緣妄境，執有實我實法。貪瞋痴等煩惱之所由起，生死輪廻之所由致。轉此觀念而解脫煩惱生死的繫縛，叫做「度心眼」。看經吧？太費眼力；作福吧？又怕奔波；那末這個惹起煩惱生死的心眼，將何以得度呢？容易得很，「一聲阿彌陀」就妥了。因爲一聲彌陀，六根都攝，把妄心攝歸淨念，妄境攝化西方，煩惱生死自然解脫。觀無量壽經有云：「有五色光，從佛口出，一一光照頻婆娑羅王頂，爾時大王雖在幽閉，「心眼」無礙，遙見世尊」。往生要集有云：『行者以「心眼」見己身亦在彼光明中』。這都是念佛度心眼的明證。可見念佛人，以一聲彌陀把惹起生死煩惱的觀念，轉移到極樂世界，自在解脫，並非難事。

**行也阿彌陀，坐也阿彌陀，縱饒忙似箭，不廢阿彌陀**——這是說念佛要精勤不懈。上來說「一聲阿彌陀」，並非只念一聲佛，而是一聲連一聲的念個不停。行也不停，坐也不停，縱在俗務叢忙得如射箭一般時也不停。從前衡州有個打鐵的，一家數口，生活很苦，一天不打鐵就沒有飯吃。他總想因爲自己前世沒有修行，所以今生才落得這般苦報。一日見一行脚僧打門前經過，即請到店裏奉茶，請和尚教他一個不化錢而又不妨工作的修行法門。和尚就教他念阿彌陀佛，煽風箱時，一推一聲佛，一拉一聲佛；打鐵時，擧錘一聲佛，下錘一聲佛，不可間斷。將來臨命終時，阿彌陀佛就來接你往生西方極樂世界，永不再受苦了。於是他便如說修行，數年如一日，從未間斷過。有一天他忽然沐浴更衣，向家人告別說：「我今天要囘西方極樂世界去了。」家人不信，一笑置之。少時，他從爐裏取出燒紅了的鐵，一邊打一邊說偈曰：「釘釘鐺鐺，久煉成鋼，太平將近，我往西方」。說畢，大聲念一句阿彌陀佛，同時學錘敲下，撒手立亡，一時空中天樂大作，遐邇共聞。看起來念佛人，只要精勤不懈，不怕不能往生。

**日暮而途遠，吾生已蹉跎**——這是表示慚愧的話，平時沒有修行，現在年齡已到桑榆晚景，遙想西方，眞是前途茫茫，可惜大好光陰，白白的拋卻了。念佛人，應深切體會這兩句話的意義是：「平時不燒香，臨死抱佛脚」！雖說東隅既失，桑榆未晚，老來念佛，一樣的不就誤往生。可是！無常不待，閻王索命，不定早晚。古德說得好：「莫待老來方學道，孤坟多是少年人」！

**旦夕清淨心，但念阿彌陀**——這是說要淨心專念。「旦夕」是從早到晚。至少也要把早晚定作必修時間，在早晚念佛的時候，先要把心地打掃清淨。當知佛心是清淨的，佛土也是清淨的。如果我們的心不清淨，雜染紛沓，不但不能與佛的依正二報清淨莊嚴相應，即自己的身口意三業亦不相應。不要說十萬億佛土之隔啦，就是彌陀和你對面，也無法相逢。「但念阿彌陀」是一門深入的要訣，不可像普通早晚課誦一樣，又唱讚，又誦經，又讀咒，五花八門一齊來，要知那是禮佛的儀規，不合修行法則，惟有「但念阿彌陀」才合修行的法則哩。

**達人應笑我，多却阿彌陀**——這是顯念佛人的清高。「達人」就是奔走於勢利之途的達官貴人，和富商巨賈，以及世俗所謂的學者。他們常笑念佛人不如他的顯達，只是天天念佛，多沒意思。要知道他們對我們的恥笑，是理所當然，因爲他們不是我們的同路人。但我們寧願被他恥笑，卻不可向他攀緣，放着西方淨土不去，自甘墮落爲逐臭之夫。

**達應作麼生？不達應如何？普勸法界衆，同念阿彌陀**——這是說念佛人，要發菩提心，廣度衆生。達人們只知道笑念佛人不如他的達，而不知達與不達，都應當念佛。如果不念佛，就是再達的人，也不能出生死迷流，三界苦海。如果念佛，那怕你是個一點也不達的人，也能往生西方極樂淨土。不能出生死迷流，三界苦果，則達亦不達。往生西方極樂淨土，則不達而達。試看世間有多少不念佛的達人，到頭來還不是「千載賢愚知誰是，滿眼蓬蒿共一丘」嗎？所以我們要以慈憫心去開導他們，教他們知道凡是法界衆生，不管達不達，大家都應當念阿彌陀佛，出三界生死迷流，走向西方極樂世界的覺路。

## 2、東坡佛像偈略釋

**佛以大圓覺，充滿十方界，我以顛倒想，出沒生死中，云何以一念，得往生淨土**——佛的覺果，至大且圓，大則無邊，圓則無礙。所以能充滿十方（東、西、南、北、四維、上、下），現十界（六凡四聖）之身，教化衆生。衆生的業果，是以顛倒妄想（執著刹那生滅的無常爲常，惑業所集的衆苦爲樂，五蘊假合的非我爲我，煩惱染污的不淨爲淨。）頭出頭沒於生死苦海之中。佛的覺果是如彼，衆生的業果是如此。可謂南轅北轍，背道而馳，云何能以一念阿彌陀佛往生淨土呢？念佛人必須要斷此大疑，如不斷此大疑，則資糧不具，往生無分。向下卽是斷此大疑。

**我造無始業，一念便有餘**——我們自無始來，造種種業，受種種報，不過是起於一念而已。別輕看這一念，這一念雖小，造業有餘。例如：一念貪心起，則轉餓鬼道；一念瞋心起，則轉地獄道；一念痴心起，則轉畜生道；一念慢心起，則轉修羅道；一念善心起，則轉人天道。你看這一念的功力大不大？但這還不算大，請往下聽。

**既從一念生，還從一念滅**——衆生的業果，既是從此一念而起，當然還可以從此一念而滅盡。把這一念的生滅心都滅盡了，顚倒妄想的衆生，就轉入了大圓覺的佛道了，這一念的功力才算大哩。八萬四千法門，無非都是敎我們從顚倒妄想的六道，轉入大圓覺的佛道。然以餘門修行，這一轉，可就難了。例如：修四諦則轉入聲聞；修十二因緣則轉入緣覺；這才斷見思二惑——枝末無明，出了三界。若再廻小向大，修六度轉入菩薩道，直到自利利他，萬行平等，這才斷盡塵沙無明二惑——根本無明，而轉入佛道。如以時間來算，非經三大阿僧祇劫不可。您看難不難？但這還不算難，最難的是路上的絆脚石太多，使行人十有九蹉跌，這就是所謂的「五濁惡世」。我們雖倖得人身，卻又不倖落在這五濁惡世，如以餘門修行，莫說卽生成佛了，卽自了生死的聲聞，亦不可得。今生不成，來生又不知流轉到那兒去了。所以世尊特爲我們說此淨土法門，教我們專念阿彌陀佛，不假任何方便，便可超三界生死，往生佛國，逕登不退。譬如流落在異鄉的人，如乘飛機還鄉，不需任何交通工具，便可超過山岳河川的重重障礙，而迅速到達。否則！就要冒着跋山涉水的危險，說不定會死在中途。玆擧一例爲證：從前無着、世親、獅子覺三位菩薩，一同發願修唯識觀，往生兜率內院，見彌勒菩薩。預先約定誰先去到那裏，必須要回來報信，說你已經到了。後來獅子覺先圓寂，但時逾三載，還沒有見他的回音。又過三年世親也圓寂了，臨終無著再三囑咐他說：「你到內院見了彌勒，千萬不要忘記回來報信」。世親一去三年才回來報信，無著問他：「你爲什麼不早來報信」？他說：「我到內院只聽彌勒一座經，拜了三拜就回來了」無著又問他：「獅子覺呢？爲什麼不來報信」？他說：「獅子覺只到外院，就被五欲纏住了，到現在還沒有進入內院見彌勒呢」無著聽世親這一席話，知道生天很危險，就又重新發願改生西方極樂淨土了。（見智者大師十疑論引證）

**生滅滅盡處，則我與佛同**——衆生與佛不同之處，就在一念生滅與不生滅的幾微之間。生滅就是顚倒想，不生滅就是大圓覺。如果把顚倒想的生滅滅盡了，便是不生滅的大圓覺——佛。這有什麼神秘，有什麼可疑呢？然則！如何才能使生滅滅盡，那就捨念佛生西而外別無妙法了。因念佛能澄清五濁，頓超餘門故。行者如能視念佛為性命根本之事，如救頭燃，於一切時、一切處、一切事、不暫忘失。臨終佛來接引，往生彼國，不退補處，便是生滅滅盡之處，生滅既已滅盡，豈非與佛同嗎？

**如投水海中，如風中鼓橐，雖有聖者智，亦不能分別**——念佛人既已往生淨土，生滅滅盡，則一切依正二報，淨妙莊嚴，無一不與佛同。好像把河裏的水投入海中，把風箱裏的風煽入風中一樣。縱使有聖人的智慧，也無法分別出那是投入的河水，那是原來的海水。那是從風箱裏煽出去的風，那是原來的風。極樂世界的衆生與佛，亦復如是不可分別。

**願我先父母，及一切衆生，在處為西方，所遇皆極樂，人人無量壽，無去亦無來。**——這是把念佛的功德廻向他已經去世的父母，及一切衆生。希望他們非西方不生，非極樂不遇。五濁惡世，是不念佛的衆生共業所感的共報。極樂世界，是念佛衆生共業所感的共報。如果人人都念佛，則人人所在之處，當然是西方極樂世界，而不是五濁惡世。人人的壽命，都同阿彌陀佛一樣無量無邊阿僧祇。自然也沒有生來死去的現象。不生不滅，無來無去，與如來有何區別！

# 總 結

「你說打佛七爲紀念彌陀誕辰，或勉人念佛就是了。爲什麼嚕哩嚕嗦，但讚念佛爲總持萬法普被三根呢」？或有執著門戶之見，站在宗派的立場，理直氣壯的像議員詢政一樣，來了以上這末一個問難！當知，方便有多門，歸元無二路。所謂：「十方世界中，惟有一乘法，無二亦無三，除佛方便說」。爲多門故，但讚卽是方便；爲無二故，讚此卽是讚彼。例如：佛說法華經爲一乘實法；說金剛經爲最上乘法；說彌陀經爲一切世間難信之法。你能說這都是不應該讚歎的嗎？

# 第二屆佛七開示

好快喲！一年一度的念佛法會，轉眼又到了。照例還要講幾句開示：各位善知識，您們想想看，我們還能有幾次在一起念佛？無常逼迫，不定早晚，俗話說：『今日脫下鞋和襪，不知明日穿不不穿』，也許明年的法會，就有人缺席。人生不過百年，剩下的光陰，還有幾何，自己應該有個打算，三界五趣，何處是我的家鄉！

古人云：『人身難得，中土難生，佛法難聞』。我們倖得人身，又生中土，又聞佛法，如果把握不住這個千劫難逢的念佛機緣，使他輕易過去，豈不可惜！

爲什麼把念佛看得那麼重要？因爲臘月三十日快到了，假使你不預先安排妥當，債主紛紛上門索債，你如何能平安度過這年終的最後一天！

臨命終時的一刹那，就是一生的臘月三十，假使你不趕緊念佛，求生西方，臘月三十一到，從無始以來，由貪瞋痴等惑業，結下的怨家債主，都來催討，你怎麼辦？

那時，不管你有多少錢財，多大勢力，有多麼恩愛的親人，多麼知己的朋友，都是枉然。所謂：『萬般將不去，惟有業隨身』，那就只好隨着業力去輪迴六道了。

一入輪迴，天人尚有六衰，何況三途惡道，生生死死，死死生生，不入驢胎，便入馬腹，不知何日才能再得人身，再生中土，再聞佛法，恐怕很難很難！所以我們要緊緊的把握着這個念佛的機會。

唯有念佛求生西方，才是逃脫生死輪迴的不二法門。因此念佛人非放下一切不可。第一要放下這個臭皮囊，不要怕死，要知道此身不死，西方不生；西方不生，便不能不死，而且是生死無盡，出苦無期。所以我們要不顧一切的拼命念佛。至於這個臭皮囊，死也好、活也好，休去管他，最好他現在就死，即刻往生。這是念佛人求之不得的啊。

第二要放下恩愛。在家人，不要老是把兒女掛在心頭。要知道兒女都是怨家債主，不是來討債的，就是來報怨的。不信，你看世間的父母對兒女如何？兒女對父母又如何？你就相信了。尤其到臘月三十那一天，你看他們誰能替你去死。所以念佛人，只管念佛，不要理會他們那些怨家債主，臨終才能毫不留戀的撒手西歸。否則，這筆濫賬，生生世世永還不清，那就往生無望了。

第三要放下名利。古人說：『人間富貴花間露，世上功名水上漚』又說：『烈士殉名，貪夫殉財』。又說：『人爲財死，鳥爲食亡』。又說：『聰明不能敵業，富貴豈免輪廻』。這都是化佛出廣長舌，爲我們說「無常苦空」之法，教我們趕快念佛求生西方，不要以名利爲重。

無論世、出世間一切諸法，都得以信爲起點。例如：十一善法的第一善，就是「信」；五十五位菩薩的第一位，也是「信」；馬鳴菩薩造起信論；三祖僧璨作信心銘。無不是教人以信爲入道要門。

尤其是修淨土，一信之外，更無他法。因爲這一法門，是佛的深心大行，除一生補處的菩薩，能知少分外，其餘的一切賢聖，只可信行，不可智測；何況我們凡夫，而可不信行嗎？所以佛在彌陀經上說：『當知我於五濁惡世，行此難事，得阿耨多羅三藐三菩提，爲一切世間說此難信之法，是爲甚難』。

從前有一位名叫王仲回的，他問楊無爲，怎樣念佛，才能不間斷？楊無爲說：不過一信而已。不久楊無爲就夢見王仲回去向他致謝的說：「蒙你的指示，我現在已生淨土了」。後來無爲見到仲回的兒子，問他父親往生時的情形，正與夢時相合。可見修行人，必須以信念堅定爲先決條件。

第一我們要信佛的慈力——餘門修行，全仗自力，必須先入見道，斷了見惑之後，再入修道；斷了思惑之後，才能了脫生死。但斷惑談何容易！誠如印光大師所說：斷見惑，如斷四十里流，何況思惑？

教門必須大開圓解；宗門必須明心見性，直透重關，然後才能斷見惑而入於修道。如果不是上根的人，往往今生不成，來生又被宿業所牽，說不定會墮落惡道。例如：雁蕩僧，轉爲秦檜；秦檜轉入阿鼻地獄，豈不可怕！

惟有淨土一門，一不要尋章摘句，去鑽牛角尖，二不要閉目打坐，如稿木死灰，只要信願深切，持佛名號，不管你宿業怎樣？工夫如何？臨終都能仗佛慈力，接引往生。從卽生了脫，漸至成佛，證無上道，絕無墮崖落塹之險。

第二我們要信自己的願力——願力是不可思議的，只要發願，必有滿願之日。例如：鬱頭藍弗，在水邊林下，修非非想定，他因爲討厭樹上的鳥聲，水中的魚聲，才不覺發一惡願：我非要變一隻飛貍，把他們統統吃掉不可。後來他因定力生到非非想天，天壽報盡，果然墮爲飛貍，上樹吃鳥，入水吃魚。像這與性修相違的惡願，尚且有滿願之日，何況與性修相應的善願而不能滿嗎？

還有神僧傳上記載，有一位和尙，博通經論，偏偏法緣不遇，自歎道窮。有一位道友說他：你光懂得佛法，不結人緣不行，我來替你想個辦法吧！你現在有多少積蓄？他說：我窮的要命，那裏有什麼積蓄，只不過還有一件衣料耳。道友說：一件衣料也就够了。隨卽把衣料變價，買成食物，到一處蟲鳥多的林下，把食物散在地上，教他發願，果然二十年後，大開法筵，受化的人，都是些青年子弟。原來是二十年前的那些受食的蟲鳥，都被他的願力，出離惡道，何況自乘自願而不能往生嗎？

法藏比丘，因爲發四十八願攝化衆生，而成阿彌陀佛與極樂國土的依正莊嚴，我們發願往生，豈非與佛攝化衆生的願力相合嗎？佛、生願合，凡聖一體，卽是不往而生；不生而往，不往而往；不生而生。你看我們的願力如何，縱使一闡提聞之，也不能不信。

例如：瑩珂這個人，他本來是一個不戒酒肉的凡愚，因爲讀往生傳有感，突然絕食念佛，發願往生。念到第七天時，感得佛來安慰他說：你好好念佛，再等十年你的壽限滿時，我來接你。珂說：娑婆惡濁，很容易失掉了正念，但願早生淨土。佛說：你的志願可嘉，那末，我三日後，來接你好了。屆時珂果然往生。

又如：懷玉大師，精修淨業，一日忽見佛菩薩徧滿虛空，中有一人，手持銀臺而來。大師心裏在想：我一生精進念佛，志在金臺，爲什麼到現在是個銀臺呢？那銀臺馬上應念而隱。於是更加精進，三七日後，又見佛菩薩徧滿虛空，上次手持銀臺的人，這次換成金臺了。遂卽含笑而逝。

又如：劉逸民，依廬山東林蓮社念佛。一日，正在念佛，忽見佛身現前。他想佛能給我摩摩頂才好哩，佛便伸手給他摩頂。他又想佛的衣服能覆在我的身上，那才好哩，佛便以衣襟覆蓋其體。

你看佛對衆生有多麼慈悲，無論想早日往生、想金臺、想摩頂、想佛衣覆體，無不如願以償。佛能滿一切衆生之願，豈獨不滿我一人之願嗎？

第三我們要信娑婆極苦，淨土極樂。然後才能厭離娑婆，欣往淨土，信願眞切。現在讓我們把娑婆的苦，和淨土的樂，作一比較。

娑婆有三苦：1、苦苦——我們本身就是個苦果，更加衆苦逼迫，苦上加苦，所以叫做苦苦。2、壞苦——娑婆雖也有樂，但不是眞樂，不久就會變壞，所以叫做壞苦。3、行苦——娑婆縱有不苦不樂，難免行陰遷流，終歸變滅，所以叫做行苦。

又有八苦：1、十月胎生的「生苦」。2形骸衰朽的「老苦」。3、四大不調的「病苦」。4、四大分離的「死苦」。5、生別死離的「愛別離苦」。6、無法排遣的「怨憎會苦」。7、大失所望的「求不得苦」8、煩惱如同火燒似的「五陰盛苦」。

極樂淨土，恰與娑婆相反。不但沒有三苦、八苦，而且彼土的樂，不是對苦而言的假樂，而是絕對的眞樂。所以經上說：『其國衆生，無有衆苦，但受諸樂，故名極樂』。

宋慈雲懺主，（遵式法師），以修行難易，開此土、彼土爲十種苦樂：1、此土有不常遇佛之苦，彼土但有華開見佛，與佛同在之樂。2、此土有難聞說法之苦，彼土但受鳥能說法之樂。3、此土有惡友牽纏之苦，彼土但受諸上善人，俱會一處之樂。4、此土有羣魔惱亂之苦，彼土但受諸佛護念之樂。5、此土有輪廻不息之苦，彼土但受永脫輪廻之樂。6、此土有難免三塗之苦，彼土但受無三惡道之樂。7、此土有塵緣障道之苦，彼土但有受用自在之樂。8、此土有壽命短促之苦，彼土但有壽命無量無邊阿僧祇劫之樂。9、此土有修行退失之苦，彼土但有阿俾跋致之樂。10、此土有佛道難成之苦，彼土但受一生補處，或當來畢竟成佛之樂。

淨土法門與宗下不同，參禪不可厭下欣上；若厭下欣上，只能感生天的有漏果報，不能了生死，出三界。念佛就不然了。非厭離娑婆，欣生淨土不可。現在我們既已了解娑婆極苦，淨土極樂，那就不要再對娑婆有所留戀，對往生有所躊躇了。

第四我們要信我們的念力——念力也是不可思議的。現在讓我們把這不可思議的念力來分析分析：

佛說：『衆生皆有如來智慧德相，惟因妄想執着，不能證得』。可見心佛衆生，本無差別，所不同的，就是佛無妄想，衆生有妄想。妄想本無，因無始一念不覺而有，卽起信論所謂的「無明業相」。我們只要把這本無的一念妄想滅了，本有的如來智慧德相，卽時現前。又可見一念妄想心起，則卽眞是妄；一念妄想心滅，則卽妄是眞；眞妄不過是一念妄想心的起滅而已。並不是妄想外，別有眞心。

所以十法界，不出一念；念念不離十法界。不念佛法界，便念九法界；不念三乘，便念六凡；不念人天，便念三途；不念鬼畜，便念地獄。只要有心，就不能無念，只要念起，就不能無境界。

假使我們這一念，念的是佛，便現佛的境界；念的是六波羅蜜，便現菩薩境界；念的是十二因緣，便現緣覺境界；念的是四諦法，便現聲聞境界。

假使我們這一念，念的是四禪八定，或上品十善，便現諸天境界，念的是五戒，便現人道境界，念的是帶有瞋慢的戒善，便落修羅境界，念的是下品十惡，便墮畜生境界；念的是中品十惡，便墮餓鬼境界；念的是上品十惡，便墮地獄境界。

但有念起，必有境界，境現之處，當處卽念。這就是所謂的：『沒有無心境，亦無無境心』。我們要自己檢點檢點，看看我們每天所念的，是和那個法界相應，就不難知道我們將來歸宿的所在處了。

假使我們這一念，和佛界相應，那就要決定往生淨土，去永享極樂了。假使我們這一念，和三乘相應，那就要分享我、法二空的法樂了。假使我們這一念，和六凡相應，那就只有輪廻生死，受苦無窮了。

既然十法界，同此一念，我們何必不念四聖法界；而念六凡法界呢？我們何必不念簡而易行，圓頓直超，即生了脫的佛法界；而念歷階漸修，歷劫難成的三乘法界呢？

第五我們要信因果——無論世、出世間一切諸法，有其因，必有其果。沒有無因之果，也沒有無果之因；果必從因，因必克果。好像立杆見影，如響似應，毫髮不爽。所以印光大師說：『因果者，乃世、出世間聖人，平治天下、度脫衆生之大權也』。就是說：世間聖人，必須明因知果，才能把國家治理得泰泰平平。出世間聖人，也是以因果法當作治爐，來煉凡煆聖的。

所以佛說一切法，不離因果。例如：造十惡業是因，墮三惡道是果；修十善業道是因，生人天是果；修四諦、十二因緣法是因，證聲聞緣覺是果；修六度萬行是因，證大菩提、成無上覺是果；念佛是因，往生淨土見佛成佛是果。

因果雖多，不出善惡二種。善因感樂果，惡因感苦果。所以戒經上說：『諸惡莫作，衆善奉行』。這意思是說：只許行善，不許作惡，使善因越培越厚，則宿世惡因，或重罪輕報；或竟如湯消冰，化除淨盡。如此修因，沒有不證大果的。

我們千萬不要輕看這兩句話。從前白居易問烏窠法師說：「什麼是佛法大意」？窠說：「諸惡莫作，衆善奉行」。白說：「這兩句話，三歲小兒都會說，怎能是佛法大意」？窠說

：「三歲小兒雖會說，八十老翁行不得」。我們要知道這兩句話，是一切學人修因證果的惟一竅要。怎能忽視？

以時間來說，因果是豎窮三際的；以空間來說，因果是橫徧十方的。什麼叫豎窮三際？1、現世作業，現世受報。2、前世作業，後世受報。3前前世作業，後後世受報。這報應遲速，是依因地厚薄的標準來決定的。這就叫做豎窮三際。

什麼叫做橫徧十方？1、一方作業，十方受報。例如：阿彌陀佛，在我們本土的西方，接引十方念佛衆生，便是一方作業；十方念佛衆生，承佛慈力接引往生，便是十方受報。2、十方作業，一方受報。例如：十方衆生，都念阿彌陀佛發往生大願，便是十方作業；都往生佛國，海會蓮池，莊嚴淨土，便是一方受報。這就叫做橫徧十方。

我們把以上所說的這些因果道理，都明白了，就可以作以下三種決定：1、餘門修行決定不如念佛法門的直捷了當。2、念佛決定往生，毫無疑問。3、如果遭遇意外災害、疾病、及一切逆境，決定是因爲先世罪業，應墮惡道，因今世念佛故，重罪輕報，當得往生極樂淨土，見佛、成佛。

我們作了這三種決定之後，信心就不會動搖了，所謂「鑠迦羅心不動轉」。只要信心不動，自然會念成一片，精進不退。

第六我們要信我們的業力——業力也是不可思議的。沉迷六道，流轉生死，是業力所牽。轉迷為悟，了生脫死，也是業力所致。不過流轉生死的業力是惡業，了生脫死的業力是善業罷了。這一善、一惡、一迷、一悟，就是我們修行人取捨抉擇的標準。

所以自古聖賢，立言、立行、立功、立德，沒有不是以猛於悔過向善來自行化他的。例如：禹聞善言則拜、顏子不二過、子路聞過則喜、孔子年將七十，還希望學易，差免大過。我們佛教，更著重懺悔。所謂：『往昔所造諸惡業，皆由無始貪瞋痴，從身語意之所生，今在佛前求懺悔』。彌勒菩薩，位至等覺，他還每天禮拜十方諸佛，以求無明淨盡，圓證法身。可惜近世把這賴以斷惑證眞的四句偈，當作口頭禪，流於形式化了。難怪！教下沒有大開圓解的；宗下沒有明心見性的；念佛也很少能夠往生的。

所以我們要深切痛悔，一改前非，針對我們的身口意十惡業，拿出壯士斷腕的狠心，把他一刀斬斷！什麼是身口意十惡業？1、殺、2、盜、3、淫，是身三業。4、兩舌、5、惡口、6、妄言、7、綺語，是口四業。8、貪、9、瞋、10、痴，是意三業。這就叫做身口意三業，也叫做十惡業。因為他是我們修行路上的障礙物，所以又給他起個名字叫三業障。因為他的力量能夠把我們牽引到三惡道去，所以又說他是業力。

念佛人，必須把這十惡業清淨了，才能算是眞念佛，必須把這往生路上的障礙排除了，才能決定往生。要知道所謂的「帶業往生」，帶的是宿業，而不是現業。如果你一邊造業，一邊念佛，我問你到底是想往生淨土呢？還是想墮惡道？煑沙能成飯嗎？如是惡業，人天尚不可得，何況往生淨土。

如果把這十惡業翻轉過來，便是十善業：1、不殺、2、不盜、3、不淫、4、不兩舌、5、不惡口、6、不妄言、7、不綺語、8、不貪、9、不瞋、10不痴。這十善業，是進入一切法門的通衢大道，所以名為十善業道。

我們要學儒家的曾子一日三省其身，看看我們的身口意三業，是十善呢？還是十惡？若是十惡，那便是被業力阻絕於淨土法門之外了。如此則門尚不入，如何能修淨業？人天尚不能生，如何能生淨土？淨土不生，生死不了，還說念佛不靈，豈非自欺欺人！

假使能這樣提高警覺，戒慎恐懼，戰戰兢兢，如臨深淵，如履薄冰，雖處暗室，常如十目所視，十手所指。把一句阿彌陀佛，念個不停，行住坐臥，不離這個。念發於心，便是意業清淨；念出於口，便是口業清淨；都攝六根，便是身業清淨。如是三業清淨，自然轉十惡而為十善。善與佛合不但是心即佛，佛外無心，心外無佛；就是是身亦即是佛，身外無佛，佛外無身。還說什麼往生不往生呢？

若但行十善而不念佛，則報在人天，仍淪生死，因果如是。若但念佛而不行十善，往生亦難有分，業力如是。必須念佛兼行十善，才能穩穩當當的往生哩！所以經上說：『不可以少善根福德因緣得生彼國』。

一切法門應分為難行與易行兩道，淨土為易行道，餘門為難行道。易行道應以持名為宗，持名以一心不亂為宗。所以經上說：『若有善男子善女人，聞說阿彌陀佛執持名號，若一日、若二日、若三日、若四日、若五日、若六日、若七日，一心不亂，是人臨命終時，阿彌陀佛與諸聖衆，現在其前。是人終時，心不顛倒，卽得往生阿彌陀佛極樂國土』。持名七日，一心不亂，卽得往生，豈非易行？豈非以持名為宗？以一心不亂為宗嗎？

那末，怎樣念法才能使一心不亂呢？我們前面所講的都是。所謂：「一信之外，更無他法」。只在行人去體會實踐而已。不過印光大師說有具體的攝心一法，很可奉行。現在我們把他說出來大家聽聽：

至於念佛，心難歸一，當攝心切念，自能歸一。攝心之法，莫先於至誠懇切。既已至誠，還不能一心，應當攝耳諦聽。無論出聲、默念，都要念從心起、聲從口出，音從耳入。心口念得清清楚楚，耳根聽得清清楚楚，這樣攝心，妄念自然就息滅了。假使仍起妄念，就用十念記數方法：念一句，數一句，念到十句為止，再從頭開始，還是念一句數一句。這樣週而復始……但不可用手珠記數，唯憑心記。

這記數念佛方法，很合乎大勢至菩薩的「淨念相續，都攝六根」。攝耳諦聽的方法，也很合乎觀世音菩薩的「聞熏聞修」，再妙不過了。什麼叫做淨念相續？隨念隨數，念念不斷，一切雜念，都無隙可乘，但有純一無雜的念佛一念，這就叫做淨念相續。什麼叫做都攝六根？六根緣塵，原是一精明體，現在把這一精明，都攝入念佛的一念，使六根無緣塵之用。這就叫做都攝六根。什麼叫做聞熏聞修？念起於心，出於口，即是本覺的聞性內熏。念從耳入，即是返聞照性，由始覺合本覺。這就叫做聞熏聞修。

大勢至菩薩，和觀世音菩薩，就是這樣證圓通的啊。所以我們應當發大勇猛心持名念佛。將來一生補處，見佛成佛，到蓮池海會再見。

# 第三屆佛七開示

諸位上善知識！今天是本屆佛七的開始，依例每天還要講幾句開示。當知：佛七，是克期求證的念佛法會。開示，是開解指示念佛的法要。念佛，是淨土的行門。開示，是講究教理。所謂「因教顯理，依理起行，由行克果。」世尊的一代名教，無過於此。所以興建念佛法會，必須要講開示。否則，將何以起行，又將何以克果，豈不成爲一場鬧劇？先德對念佛的指要，及往生事迹，載在典籍，般般可考，正好趁此法緣，略舉幾件，作爲我們淨土行者的司南，與規範。

元廬山優曇普度大師對念佛的指要（見蓮宗寶鑑）

凡攝心念佛，要想速成三昧，對於昏沉散亂之法，最好是數息觀。怎樣叫做數息？就是：先想己身在圓光中，默觀鼻端，想出入息，每一呼吸，默念一聲「南無阿彌陀佛」，調和氣息，不急不緩，使心息相依，隨出隨入。這樣，行、住、坐、臥，密密行持，不可間斷，久久純熟，息、念兩忘，卽此身心與虛空等，忽爾三昧現前，便是唯心淨土。

在家菩薩，難免世緣，未能一心修行，應早晚焚香，參承三寶，隨意念佛，定爲常課。

此法門，並不妨礙本業：士不妨讀書、農不妨耕種、工不妨作務、商不妨買賣貨物，再方便不過了。除早晚常課禮念事外，更能於忙中偷閒，持念佛號，或十念、百念、千念，務必志誠，期生淨土。

凡念佛人，欲生淨土，當念：世間一切無常，有成必有壞，有生必有死。若不聞法修行，那就只有捨身受身，死此生彼，輪轉三界四生六道，永無解脫之日了。我今有緣，既聞佛法，又修淨業，唯一念佛，更無異念，捨此報身，當生淨土，了脫生死，不退菩提，這就是大丈夫平生的能事。

眞信修行之士，只要記得一句「阿彌陀佛」在念，莫教遺忘，念念不捨，無事也念，有事也念，安樂時也念，病苦時也念，生也念，死也念。如此一念分明不昧，已竟到家，還用向人覓佛國歸程嗎？

元天如大師對念佛的指要（見淨土或問）

問：我於生前且做世間事業，臨終再念佛可否？答：人生在世，能有幾時，好像石火電光，轉眼卽過。何不趁此未老病死之前，抖擻精神，撇棄世事，得一日光景，念一日佛名；得一時工夫，修一時淨業呢？管他臨命終時，好死歹死，翻正我到佛國去的盤纏，已預備好了；我的前程，是穩當的了。

問：世網裏人，不容撇棄世事，如何念佛？答：世網裏的人，若能痛念無常，用心眞切者，不問環境苦樂逆順，靜鬧閒忙，一任公事幹辦，迎賓待客，萬緣紛擾，八面應酬，與他念佛兩不相妨。古人云：「朝也阿彌陀，暮也阿彌陀，縱饒忙似箭，不離阿彌陀？」即令世緣繁重，亦須忙裏偷閒，鬧中取靜，每日或念三萬聲、一萬聲、三千聲、一千聲，定爲日課。再忙亦須晨朝十念，積久成功，亦不虛棄。除念佛外，或誦經、禮佛、懺悔、發願；或作種種福業，隨力布施等，皆須回向西方，以爲助緣。如此用功，非但決定往生，而且增高了生蓮的品位。

問：我但專持名號，或加禮拜懺悔，師以爲如何？答：專持名號，或加禮拜懺悔，正合善導大師專修無間之說。什麼叫做專修無間？就是身業專禮阿彌陀佛，不雜餘禮；口業專念稱阿彌陀佛，不稱餘號，不誦餘經；意業專想阿彌陀佛，不雜餘想。若有貪、瞋、痴三毒煩惱來間，隨犯隨即懺悔，不使隔日存留。這也叫做「無間修」。（無間修，就是不間斷的修行。）

繫念之法，無論行住坐臥，不必出聲損氣；唯以至誠默想默念，念念相續，心無間斷。敢許不待命終，即今現生肉眼便能見佛，或見光明，或承摩頂等事。這是一種捷徑法門，至簡至要，極靈極驗。

## 明傳燈大師對念佛的指要（見淨土法語）

楊次公說：「愛不重，不生娑婆；念不一，不生極樂。」娑婆若有一愛不輕；臨終則爲此愛所牽，不得出離，何況多愛？極樂若有一念不一；臨終則爲此念所轉，不得往生，何況多念？愛有輕重厚薄，正報依報。若舉其名目，如：父母妻子、昆弟朋友、功名富貴、文章詩賦、道術技藝、衣服飲食、屋室田園、林泉花卉（音會）、珍寶玩物，數之不盡。於此若有一物不忘，一念不遺就叫做「愛」；若有一愛尚存，則念不能一；若有一念不歸於一，就不得往生極樂。問：怎樣才能輕愛？答：輕愛要莫過於一念。問：怎樣才能一念？答：一念要莫過於輕愛。蓋：念不一，由於散心異緣所致；散心異緣，由於逐境紛馳使然。娑婆有一境，則衆生有一心；衆生有一心，則娑婆有一境，聚緣內搖，趣外奔逸，心境交馳，愛如塵沙。故欲輕愛，莫若杜境，境空則萬緣都寂，一念自成；一念成，則愛緣也都空盡了。所謂杜境，並非屏絕萬有，逃避現實，而是卽境了虛，體究萬法本自不有，情執而有，故情在物在，情空物空。萬法空，則本性現；本性現，則情念自息。故楞嚴經云：「見與見緣，並所想相，如虛空花，本無所有，此見及緣，原是菩提妙淨明體，云何於中有是非是？」所以要想杜境，須體物虛；體物虛，則情自絕；情絕，則愛不生，一念就成了。

又，一念之道有三：1信、2行、3願。不疑叫做信，若疑則念不得一，所以求生極樂，要以敦信爲始。必須讀大乘經典，廣學祖教，凡是發明淨土的書籍，都要一一參研，從而悟得極樂原是我唯心淨土，並非他土；彌陀原是我自性眞佛，亦非他佛，而篤信不疑。

既已信解，當即念佛修行。行門有二：1正、2助。正行，就是稱佛名號，繫念在緣，聲聲相續，一日、二日，乃至七日，一心不亂。如是行者，則極樂之淨因成就，臨終預知時至，坐脫立亡，親見彌陀垂光接引，得生淨土。助行，就是淨行的助緣。如：孝順父母、行世仁慈、具諸戒律等的世間善業；及六度萬行、讀誦經典、修諸懺法等出世善業，皆須回向西方，無非助道之緣。

既已信行，當發誓願。願有通別、廣狹、偏局三對。(1)通如古德所立的回向發願文；別則各隨自意。此通別一對。(2)廣謂四弘，上求下化；狹謂量力，決志往生。此廣狹一對。(3)局如課誦有時，隨衆同發；偏則時時發願，處處標心。此偏局一對。若較量勝劣，大概：(1)別勝於通，通恐隨人語轉，別則獨自標心。然如隨通文而生決志，則雖通亦別；若於別文而生濫漫，別亦成通。(2)廣勝於狹，廣則發心大，尅果勝；狹則悲顧淺而得果劣。(3)偏勝於局，局則數數間斷，偏則念念圓成。此一念之道的信、行、願三法，可謂往生左劵，一切淨土行門，不外乎此。

清藕益大師對念佛的指要（見宗論）

若欲速脫輪廻之苦，莫如持名念佛，求生極樂世界。欲決定得生極樂世界，又莫如以信爲前導，願爲後鞭。只要信得深，願得切，雖散心念佛，亦必往生。怎樣叫做信？一信阿彌陀佛的願力，二信釋迦文佛的教語，三信六方諸佛的讚歎。此信不立，那就不可救藥了，所以要先生深信，勿起疑惑。怎樣叫做願？要在一切時中，厭惡娑婆生死之苦，欣慕菩提之樂。隨有所作，若是善業，就廻向求生；惡業，就懺願求生，更無二志，這就叫做願。信願既已具備，則念佛方爲正行，改惡修善，皆爲助行。隨着功力的淺深，分爲九品四土，絲毫不濫。如深信切願念佛：心多散亂的，就是下品下生。散亂漸少的，就是下品中生。便不散亂者，就是下品上生。念到事一心不亂，不起貪瞋痴的，就是中三品生。念到理一心不亂，任運先斷見思塵沙，亦能伏斷無明的，就是上三品生。故信願持名念佛，能歷九品，的確不謬。又信願持名：消伏業障，帶惑往生的，就是凡聖同居土。見思斷盡尚餘塵沙無明未斷而往生的，就是方便有餘土。豁破一分無明而往生的，，就是實報莊嚴土。（純爲眞實法的菩薩所居）持到究竟無明斷盡而往生的，就是常寂光土。（具法身、解脫、般若三德的諸佛所居）故持名能淨四土，也的確不謬。問：如何持名能斷盡無明？答：衆生本無不覺，只因妄想執着，情見分別，所以不覺。今持名念佛，能持的念心，便是始覺；所持的佛名，便是本覺；持外無佛，佛外無持，能所不二，便是始覺合本覺的究竟覺了。

念佛法門，別無奇特，只貴信得及，守得穩，直下念去，或晝夜十萬，或五萬三萬，以決定不缺爲準。盡一日中，出聲一炷香，默持一炷香，循環無間，必以一心不亂爲期，畢此一生，誓不改變，若不得往生者，三世諸佛，便爲誑語。一得往生，永不退轉，種種法門，咸得現前。切忌今日張三，明日李四，遇教下人，又想尋章摘句；遇宗門人，又想參究問答；遇持律人，又想搭衣用鉢。此則頭頭不了，帳帳不清。豈知念得阿彌陀佛熟，三藏十二部極則教理，都在裏許；千七百公案，向上機關，亦在裏許；三千威儀，八萬細行，三聚淨戒，亦在裏許。眞能念佛，不起貪瞋痴，就是大持戒。不計人我是非，就是大忍辱。不稍間斷夾雜，就是大精進。不復妄想馳逐，就是大禪定。不爲他人歧見所惑，就是大智慧。試自檢點，若身心世界還沒有放下，貪瞋痴還是照樣現起，是非人我還是掛懷，間斷夾雜還沒有盡除，妄想馳逐還沒有泯滅，種種歧見還能夠惑志，那就不是眞念佛了。要到一心不亂境界，亦無他術，最初下手，須用數珠記數，刻定課程，決定無缺，久久純熟，不念自念，最後記數也可，不記數也可。若最初便要說好看話，要不着相，要學圓融自在，總是信不深，願不切，行不力，饒你講得十二分教，下得千七百轉語，都是生死岸邊事，臨命終時，決定用他不着。

## 唐善導大師往生事迹（見佛祖統計）

善導大師爲蓮宗二祖。因見道綽禪師的淨土九品道場，歡喜讚歎的說：「此眞入佛津要，修其餘行業，迂僻難成，唯此法門，速超生死。」於是，精勤禮念，非力竭不休。常念佛一聲，有一光明隨念出口，人皆見之。外出逢人便演說淨土法門，無時不爲利生事。三十餘年，長坐不眠，護持戒品甚嚴，絕意名利，離諸戲論。三衣瓶鉢，躬自洗滌，好食供衆，粗惡自奉，乳酪醍醐，向不沾唇。所有襯施，用寫阿彌陀經十餘萬卷，畫西方聖境三百餘壁，修營塔寺，然燈續明，終年不絕。道俗從而受化，得念佛三昧生淨土者，不可勝紀。永隆二年（六八〇）攀登寺前柳樹，向西祝曰：「願佛接我，菩薩助我，令我不失正念，得生安養。」祝畢躍下，端身立化。

## 唐法照大師往生事迹

法照大師是蓮宗七祖之第四。住衡州雲峯寺，勤修不懈，（於大曆二年，開五會念佛，感得文殊菩薩以神力攝入五臺聖境，禮問文殊：「末代凡夫，去聖時遙。佛法浩瀚，修何法門，最爲捷要？」文殊曰：「汝所請問，今正是時，諸修行門，無過念佛，供養三寶，福慧雙修，這二門，最爲徑要，我於過去劫中，因念佛故，得一切種智，一切諸法。般若波羅蜜，甚深禪定，乃至諸佛，無非念佛而生。故知念佛，是諸法之王。汝當常念，令無休息。」照又問：「怎樣念法？」文殊說：「此世界西方有阿彌陀佛，彼佛願力不可思議，汝當繫念，令無間斷，命終決定往生，永不退轉。」並舒金臂爲之摩頂授記：「汝以念佛故，不久得證無上正等菩提。」師歡喜作禮而退，於是篤志念佛，誓生淨土。忽見梵僧佛陀波利曰：「汝蓮生已定，後三年華就開了。」至期集衆辭曰：「我去了」，端坐而逝。

清際醒大師往生事迹（見徹悟語錄）

際醒大師字徹悟，號訥堂，是蓮宗第十二祖。幼讀經史，二十二歲，因病悟無常，捨俗出家，徧歷講席，博通性相二宗，參粹如禪師，明向上事。每謂：「永明壽禪師，乃禪門宗匠，尚歸心淨土，況今末法，尤當遵奉。」於是專修淨業，化衆無算。臨終前十月，預告歸期，咐囑諸外護曰：「幻緣不久，虛生可惜，各宜努力念佛，他年淨土再見。」至期示疾，命衆助念，見空中幢旛無數，自西而來，隨告衆曰：「淨土相現，吾將西歸。」繼而又曰：「蒙佛親來接引，吾去矣。」面西坐逝。衆聞異香浮空，靈龕七日，面色如生。闍維，得舍利百餘。

民國印光大師往生事迹（見師行業記）

印光大師是蓮宗第十三祖。幼讀儒書，曾因闢佛，病眼幾至失明，始悟前非。年二十一出家受具，讀龍舒淨土文，得知念佛是了生脫死的要道，即專修淨土，稱佛名號，並深入經藏，契佛心印。常住普陀山法雨寺，閉關精修，以期早證念佛三昧。師著文鈔三百餘卷，一以淨土爲歸趣，不離因果，不涉玄妙，徐蔚如居士等刋行流布，道化遂廣，皈依者二十餘萬。師宿誓不收緇徒，不作住持，因道俗依止如歸，始創靈巖山淨宗道場，供衆同修，並設弘化社，印贈佛書五百萬部，佛像百餘萬軸。後於靈巖，預知時至，當衆面西念佛坐化。荼毘，獲五色舍利數千。

晉慧遠大師往生事迹（見東林傳）

慧遠大師是蓮宗初祖。在俗學精儒老，年廿一，聞道安法師講金剛經豁然大悟，歎曰：「儒道九流，盡是糠粃。」遂出家，誓弘佛教。安師歎曰：「使佛教流布中國，捨慧遠其誰。」後居廬山東林寺，率衆行道，鑿池種蓮，象徵西方，與劉遺民等僧俗廿三人，創立蓮社，念佛求生。在山三十年，迹不入俗，專志淨土，澄心繫念，凡三見聖相，都沉厚不言。一夕，才從定起，於虛空中見阿彌陀佛，觀音、勢至，侍立左右。社中佛陀耶舍、劉遺民等，已往生者，都在佛側。又見水流光明，分十四支，回注上下，演說妙法。佛說：「我以本願力故，來安慰你，後七日當生我國。」師告衆曰：「吾始居此，曾三覩聖相，今復再見，必生淨土。」至期，端坐入寂。年八十三。

宋太微法師往生事迹（見往生集）

師兒時投錢塘法安法師出家，初授彌陀經，便能背誦。受具後，閉門念佛，精進不懈。

有一位名叫凌監薄的居士，同修淨業，稱微爲淨土鄉長，一日叩門求見曰：「淨土鄉弟求見鄉長」，微拒之曰：「今念佛正忙，明日淨土相見好了。」次晨人怪其不赴早粥，往視已跏趺坐化。

## 清朗然尼師往生事迹（見染香集）

師姓沉，浙江嘉善人，因見嫂難產甚苦，誓不婚嫁。出家於淨池庵，專修淨土，念佛無間，年七十一，囑徒衆曰：「吾三個月中，三夢寶池，坐蓮華中，往生必矣。」遂無疾坐化。

## 晉劉遺民居士往生事迹（見往生集）

劉遺民居士，彭城人，平生自標清高，不同流俗。初爲府參軍，力辭謝安、劉裕等公卿的引薦，歸隱於廬山遠公蓮社，精修淨業，著念佛三昧詩，以表專志。纔半年，即於定中見佛金光照地。後十五年，正念佛時，又見佛玉毫光照。垂手撫慰，爲之摩頂，及衣覆其體。嗣又夢見七寶池，青白蓮華，及頂有圓光，胸有卍字者，指着池水說：「此八功德水，你可以飲。」遺民飲水甘美，及醒，猶覺異香發於毛孔。乃告社衆：「我淨土之緣已至」遂焚香拜禱：「我從釋迦遺敎，知有阿彌陀佛，敬以此香供養釋迦如來，及阿彌陀佛，願一切有情，俱生淨土。」禱畢，卽面西合掌而逝。時義熙六年，壽五十九。

宋王日休往生事迹（見往生集）

王日休，字虛中，安徽龍舒人，又稱龍舒居士，爲國學進士，博通經史，一旦捐棄，曰：「此皆業習，非究竟法，我其作西方之歸。」從此卽精勤念佛，日課千拜，著淨土文勸世。臨終前三日，徧辭親友，至期禮佛如常，忽高聲唱言：「佛來迎我」屹然立化。時年六十。

宋楊次公往生事迹（見往生集）

楊次公名傑，號無爲子，安徽無爲人。嘉祐年進士，官尚書主客郎，提點兩浙刑獄。尊崇佛法，初悟禪宗，終歸淨土。嘗說：「衆生根有利鈍，易知易行，惟西方淨土。但能一心觀念總攝散心，仗佛願力，決生安養。」曾作天臺淨土十疑論序、彌陀寶閣記、安養三十讚，弘揚西方教觀，接引未來。臨終感佛來迎，端坐而逝。

宋陸沅道往生事迹（見往生集）

陸沅道，號省菴居士。每晨早起，焚香趺坐，先唱偈曰：「盥手淸晨貝葉開，不求諸福不禳災，世緣斷處從他斷，劫火光中舞一廻。」然後念誦不急不緩，聲如貫珠。每日誦法華一遍、念彌陀萬聲，一意西歸。年八十五，四月六日沐浴更衣，無疾而逝。

元周婆往生事迹（見往生集）

周婆，鄞縣寶幢市人。精修淨業。每於歲首禁語，暑月施茶，歷久不廢。一夕夢大荷葉遍覆全市，自身持珠行道葉上。數日後，隣人夜見幢幡寶蓋進入其家，黎明，周婆就合掌念佛而逝了。

# 第四屆佛七開示

各位蓮友！修行人，尤其是修淨土，譬如興建高樓，必須先把信心的基礎打好才行。否則，三心二意，猶豫不定，那淨土的高樓，是建不起來的。所以華嚴經上說：『信爲道元功德母，增長一切諸善根，除滅一切諸疑惑，示現開發無上道。』大智度論上說：『佛法大海，信爲能入。』又譬如六道衆生，不信如來大醫王的淨土法門，是惟一能治療他生老病死憂悲苦惱的藥方，他如何肯照方服藥，如說修行，願離娑婆，往生安養？但穢土衆生，垢染習深，要教他建立淨土的信心，談何容易？所以釋迦世尊，說彌陀經爲一切世間難信之法。

隋天臺智者大師著有「淨土十疑論」。唐千福寺的懷感大師，也著有「釋淨土羣疑論」。都是爲淨土行者斷疑生信的要典。今就此二種名著，選編幾條，爲使聞衆易於了解，不拘文句，斟酌損益，作爲我們本屆佛七開示的張本：

⑴疑問：「若以三世推心：過去心已竟過去了；現在心刹那不住；未來心還沒有到來。故金剛般若經云：『過去心不可得；現在心不可得；未來心不可得。』三心既不可得，你們拿什麼心，去往生淨土呢？」

答釋：「大智度論上說：『佛法中有二諦：一者世諦；二者第一義諦。爲世諦故，說有衆生；爲第一義諦故，說衆生無所有。』世諦，就是俗諦；第一義諦，就是眞諦。據此可知，諸佛說法，不但爲眞諦，說衆生無所有；亦爲俗諦，說有衆生。既有衆生，豈能沒有三世流轉，唯心所造的業因業果嗎？淨土法門，就是教衆生以一念念佛心，感得臨命終時，佛與聖衆前來接引，往生淨土。既生淨土，了悟無生，即不壞世諦因果，建立第一義諦。所以楞嚴經大勢至菩薩圓通章云：『我本因地，以念佛心，入無生忍，今於此界，攝念佛人，歸於淨土。』怎能偏據第一義諦之理，而壞世諦的因果法呢？」

(2)疑問：「金剛般若經上說：『如來者，無所從來，亦無所去，故名如來。』爲什麼念佛人能感得佛來接引，往生淨土？豈非有來有去，與般若經義相違了嗎？」

答釋：「般若、淨土，都是佛說，豈能相違？當知，如來法身本體，固無來去；然佛以大悲願力，接引念佛衆生，往生佛國，亦得依體起用，隨機應化，示現來去，而實無來去。譬如日月行空，似有出沒，若說佛的應化身實有來去者，那不過是衆生把舟行當作岸移的妄見罷了。」

(3)疑問：「金剛經偈云：『若以色見我，以音聲求我，是人行邪道，不能見如來。』今淨土行者，觀念彌陀，豈非行邪道嗎？行邪道，如何能往生淨土？」

答釋：「金剛經的四句偈後，還有『莫作是念，如來不以具足相故，得阿耨多羅三藐三菩提。』之句。前為破有，是對著相迷性者而說的；後為破空，是對斷滅空見者而說的。前後統觀，總趣於有、空不著的中道第一義諦。今汝斷章取義，但舉金剛經的四句偈，來毀呰淨土宗；我敢說，你不但不懂淨土，而且也不懂般若，未免太愚癡了。

何況淨土行者，觀念彌陀，色空相卽，既非著相，亦非斷見。故往生要集上說：『色卽是空，故謂之眞如實相；空卽是色，故謂之相好光明。』更何況如來對千差萬別之機，說千差萬別之法。若機教相應，則法法皆正；若不相應，則法法都成邪道。所以金剛經上說：『無有定法如來可說。』何得持彼般若，謗此淨土？」

(4)疑問：「彌陀經上說，西方極樂淨土，離我們這個娑婆世界，還有十萬億佛土那末遠。如此，則凡夫劣弱，如何能到？又、願生偈云：『女人及根缺，二乘種不生。』這三種人既沒有往生的份兒，念佛做甚？」

答釋：「十萬億佛土雖遠，然行者淨業成就，臨終佛來接引，一念便至。這自、佛二力的勝妙，才不劣弱哩。所以觀經上說：『彌陀佛國，去此不遠。』十萬億佛土，是約未往生時說的；去此不遠，是約往生時說的。這一點我們要知道，不必為凡夫劣弱，佛土遙遠，就杞人之憂。

又、願生偈，是說女人、缺根、二乘種，這三種人，淨土不生；並不是不許這三種人，往生淨土。換句話說，就是這三種人生到佛國，就不再受女人、缺根、二乘種性的身了。所以阿彌陀佛，在因地所發的四十八願裡說：『設我得佛十方世界，一切女人，稱我名號，厭惡女身，捨命之後，再受女身者，不取正覺。』何況往生佛國，更受女身嗎？缺根的盲聾瘖瘂，及二乘種人，例此可知。」

(5)疑問：「淨土宗，是大乘耶，還是小乘？若是大乘，爲什麼阿彌陀佛，有無量無邊的聲聞弟子？聲聞不是小乘嗎？」

答釋：「生到佛國的聲聞，不是就著但空涅槃的定性聲聞，而是廻趣向大的大機聲聞。如法華經云：『我等今者，眞是聲聞，以佛道聲，令一切聞。』據此可知，生到佛國的一切凡聖，都是聞佛所說，一乘實法的音聲，而證悟的龍象，不是保果不前的跛驢。」

(6)疑問：「十方諸佛，一切淨土，法性平等，功德亦爾。何不敎行人總念一切諸佛，求生一切淨土，而敎但念彌陀一佛，求生彼國，豈不與法性平等之理，相乖違了嗎？」

答釋：「隨願往生經裡，普廣菩薩問佛：『世尊！十方佛刹，淨妙國土，有差別否？』佛答：『沒有差別』普廣又問：『旣無差別，爲什麼世尊在經中，但讚歎西方彌陀一佛淨土勝妙莊嚴，願往生者，應念而至呢？』佛答：『娑婆衆生，貪著五欲塵境，心多散亂，所以我但讚西方彌陀一佛淨土，敎行人專念一境，易得三昧，往生佛國。否則，若總念諸佛，心境不一，就難得念佛三昧，往生佛國了。』

又如華嚴經上說：『一切諸佛身，即是一佛身，一心一智慧，力無畏亦然。』又說：『譬如淨滿月，普應一切水，影像雖無量，本月未曾二，如是無礙智，成就等正覺，應現一切刹，佛身無有二。』這就是以天上的本月，譬喻法性；以一切水裡的月影，譬喻諸佛。雖有影現的一切諸佛，而諸佛的法身，卻是一體，無二無別。所以念彌陀一佛，就是念一切諸佛；生彌陀淨土，就是生一切淨土了。」

(7)疑問：「只要持上品十善，就可以生到兜率天的彌勒淨土；將來再隨彌勒下生，於龍華會上，便成聖果。何必專念彌陀，求生西方？」

答釋：「但修十善，求生兜率，只怕不可能吧？因爲彌勒上生經上說，除行三昧，深入正定外，別無方便得生兜率。怎能比得阿彌陀佛，以本願力故，攝取衆生，但持佛名，即得往生呢？何況兜率未離欲界，只有躭著欲愛的重重障難，無任何助道勝緣，縱得往生，難免退墮。又怎能比得極樂蓮邦，有：宣揚法音的奇妙之鳥、風吹寶樹的百千種樂、大菩薩衆的同參道侶等，眞是說不盡的勝妙助緣，使衆生生者，於菩提道，登不退位。更何況釋迦世尊住世時期，見佛而不得聖果者，大有人在。將來隨彌勒下生，又怎能於龍華會上，必得聖果？

還有，聽說西國傳中，有一樁史實紀載：從前有無著、世親、師子覺三位菩薩，他們相約同生兜率，往見彌勒，誰先去世，見了彌勒，誓必回來報信，說你已經見到彌勒了。不料師子覺先去世，多年不見回報。後來世親臨命終時，無著再三叮嚀，敎他見了彌勒，千萬不要忘記回來報信。世親去世三年，回來報信了，說他見了彌勒，聽一坐經，拜了三拜，就回來了，天上一日，下界已經三年了。無著問他，師子覺呢，爲什麼不回來報信？世親說，師子覺被欲天的塵境絆住了，到現在還沉迷在外院，沒見彌勒呢。據此可知，菩薩求生兜率，尚且如此，何況凡夫。所以我們要專念彌陀，求生西方，不生兜率。」

(8)疑問：「無量壽經上說：『小行菩薩及修習少福德者，不可稱計，皆當往生。』阿彌陀經則說：『不可以少善根福德因緣，得生彼國。』二經所說，一在南轅，一在北轍，必須怎樣解釋，才能會通？」

答釋：「二經各據一義，宗趣並無二致。無量壽經，是約修行法門的數量而論福德，專念阿彌陀佛，修淨土一門，即得往生，不必歷劫曠時，多修餘門道品。所以說：『修習少福德者，皆當往生。』阿彌陀經，是約修行法門福德的勝劣而論，但念阿彌陀佛，修淨土一門，便較餘門修行的福爲勝，除念佛外，餘門修行，是不得往生的。所以說：『不可以少善根福德因緣，得生彼國。』這樣會解，就沒有南轅北轍的疑惑了。」

(9)疑問：「若如上說，餘門修行的福德，遠不及念佛為勝；那末釋迦世尊，何必說無量法門，而不但說淨土一法呢？」

答釋：「上來較量福德，是約因地行門往生淨土而言；若約果地成佛來說，無量法門，無非殊途同歸，所謂為一說三，會權歸實，那分勝劣？所以法華經上說：『我此九部法，隨順衆生說，入大乘為本，以故說是經。』又說：『十方佛土中，唯有一乘法，無二亦無三，除佛方便說。』

殊途同歸的無量法門，譬如：輪船、火車、飛機等，適應於水陸空行的各種交通工具，讓旅客們隨願乘坐，都可以到達他們同一嚮往的遊覽勝地。若但說淨土的空行一法，那些適應於餘門的水陸行者，如何能到達他們嚮往的妙覺佛地？所以如來不但說淨土一法，還要說無量法門哩。」

(10)疑問：「諸法體空，本來無生，平等寂滅。今教離此娑婆，求生淨土，豈不與平等寂滅的無生之理，相違了嗎？」

答釋：「不違！何以說不違？若說離此娑婆，求生淨土，就是違無生理；難道說住此娑婆，不求生淨土，就與無生之理相契合了嗎？你要知道，娑婆極苦，沒有比生死再苦了；淨土極樂，沒有比無生再樂了。求生淨土，就是求無生哟。我們在前面說過，大勢至菩薩，就是以念佛心，入無生忍的。所以維摩經上說：『雖知諸佛國，及與衆生空，而常修淨土，敎化諸羣生。』經上又說：『智者熾然求生淨土，達生體不可得，卽是眞無生。『你不了解生卽無生，無生卽生之理，敢對淨土，橫起疑謗，不怕墮阿鼻獄嗎？』

⑾疑問：「觀念阿彌陀佛，只應生彌陀佛前。爲什麼觀經上說：『作此觀者，生諸佛前。』呢？」

答釋：「這有四種解釋⑴『諸』字不但作『衆』義講，亦作『於』義講。例如論語衞靈公篇上說：『君子求諸己，小人求諸人。』生諸佛前，就是生於佛前。⑵楞伽經上說：『以四等故，如來應供等正覺，於大衆中唱如是言，我爾時作拘留孫佛、拘那含佛、迦葉佛。』可見一佛等於諸佛，生彌陀佛前，等於生諸佛之前了。⑶彌陀經上說：『其土衆生，常以清且，各以衣裓盛衆妙華，供養他方十萬億佛。』又可見生彌陀佛前，就是生諸佛之前了。⑷阿彌陀佛光明遍照十方世界，彼土衆生因佛光遍照，得見十方諸佛。既見諸佛，也就等於生諸佛之前了。依此四釋，你的疑惑，就可以如湯澆冰的消失了。」

⑿疑問：「觀經上說：『是心作佛，是心是佛，諸佛正徧知海，從心想生。』凡夫的心想，如何能够作佛？」

答釋：「按唯識學理，萬法唯心，心外無法。佛法界，當然也不能出乎一心之外。所以起信論上說：『心生則種種法生；心滅則種種法滅。』維摩經上說：『隨其心淨，卽佛土淨。』當行者觀佛的依正莊嚴現在前時，就是由行者的『見分』心，所緣的『相分』境。這相分境，非別有體，還是行者的心體『自證分』。這樣觀佛，心外無佛，佛外無心，心佛冥合，豈非『是心作佛，是心是佛』嗎？」

⒀疑問：「無量壽經的四十八願裡說：『設我得佛，十方衆生至心信樂，欲生我國，乃至十念，若不生者，不取正覺，唯除五逆，誹謗正法。』觀經上說：『或有衆生，造五逆十惡，應墮惡道，經歷多刼，受苦無窮。臨命終時，遇善知識，爲說妙法，教令念佛，具足十念，卽得往生極樂世界。』二經在往生數裡，何以對造逆罪的人，一除一不除？」

答釋：「這在釋淨土羣疑論中，舉出十五家不同的解釋。我們沒有必要去研判他們誰是誰非，因爲二經所說，除的是一種人，不除的又是一種人，根本沒有問題，何必妄立知見，說長道短，莫衷一是？無量壽經是對旣造五逆，又謗正法，至死不悟，又不逢善知識教他念佛的人而言。這種人，報在三途，如何能往生淨土？不除他除誰？觀經是指雖造五逆，未謗正法，臨終又逢善知識教他念佛的人而言。這種人，浪子回頭金不換，能不被阿彌陀佛的大悲願力，攝取他往生佛國嗎？二經分明說是二種人，一除一不除，有何可疑？」

⒁疑問：「菩薩處胎經第三卷中說：『西方去此閻浮提十二億那由他，有懈慢國。國土快樂，作唱伎樂，衣被服飾，香花莊嚴，七寶轉關床，舉目東方，寶床隨轉，北視西視南視，亦如是轉。前發意衆生，欲生阿彌陀佛國者，皆染著懈慢國土，不能前進，億千萬衆，時有一人能生佛國。』准此可知，生彌陀淨土，殊非易事，為什麼還要教人念阿彌陀佛，生彼佛國？」

答釋：「你所學的這段經文，正是密意策導修彌陀淨土的一篇妙文。試一玩味便知。你想，行者往生淨土時，一念頓超，刹那卽至。他不同一般蹣跚流連的觀光客，怎會為染著樂境，滯留在中途的懈慢國土？分明是密意策導淨土行者，要精勤不懈，不可貪著五欲，心隨境轉，東西南北，攀緣不定。否則，就如逆水行舟，不進則退的順流而下了，因此，先發意的衆生，億千萬裡，難得有一人能生佛國。所以下文還有『何以故？皆由懈慢執心不牢故。』之句。這不是密意策導修彌陀淨土的妙文嗎？」

⒂疑問：「生到彌陀淨土的凡夫，尚未遽得聖果，斷盡煩惱，如何能不起惡業現行？若起惡業現行，豈不與阿彌陀佛的本願『我土衆生，無不善之名。』相違了嗎？」

答釋：「生到彌陀淨土的凡夫，雖未斷盡煩惱，而惡業現行，卻已伏而不起了。因為善惡種子，必須遇緣，才能生起現行。彌陀淨土，只有善緣，而無惡緣，那惡業現行，如何能够生起。所以稱讚淨土經上說：『極樂世界淨佛土中，有八功德水，能使飲者除滅無量過患。』又說：『自然常有無量無邊衆妙伎樂，能使聞者諸惡煩惱，盡都消滅，速證無上正等菩提。』又說：『晝夜六時，常雨種種上妙天華，雖令見者身心適悅，而不貪著，增長有情無量無數不可思議殊勝功德。』這與阿彌陀佛的本願，正相吻合，怎能說是相違？」

⒃疑問：「菩薩應以悲愍深心，利物爲懷，何得願生淨土，獨享安養，把無始以來，沉淪在三界苦海裡的有緣父母，六親眷屬，及法界含識，都置之不顧呢？還說淨土是大乘法門，誰信？」

答釋：「大菩薩，已入無生法忍，得不退轉，故能以悲愍深心，到三界苦海裡，濟度有情；若初心菩薩，未入無生法忍，得不退轉，很容易被染緣激發惡業種子，而起現行；如此則己尚未度，何以度人？那就必須先要求生淨土，見佛聞法，待忍力成就，得不退轉，然後再倒駕慈航，到三界苦海，濟度有情，並不是獨享安養。

唐道綽禪師，在他的安樂集裡，曾舉一喻，大概是說：『有父母失足，溺於深流。一子入水救援，不但沒有把父母救出，自己反被溺死。一子備辦船隻，直往深流，把父母救上來了。』可知初心菩薩，爲度衆生，求生淨土，並不是獨享安養的自了漢哪。」

——淨土指歸竟——

國家圖書館出版品預行編目資料

淨土指歸／普行法師著. -- 1 版. -- 新北市：華夏
出版有限公司, 2022.07
面； 公分. -- (Sunny 文庫；219)
ISBN 978-986-0799-85-9(平裝)
1.方等部

221.34 110020739

Sunny 文庫 219
淨土指歸

著 作 普行法師
印 刷 百通科技股份有限公司
電話：02-86926066 傳真：02-86926016
出 版 華夏出版有限公司
220 新北市板橋區縣民大道 3 段 93 巷 30 弄 25 號 1 樓
電話：02-32343788 傳真：02-22234544
E-mail： pftwsdom@ms7.hinet.net
總 經 銷 貿騰發賣股份有限公司
新北市 235 中和區立德街 136 號 6 樓
電話：02-82275988 傳真：02-82275989
網址：www.namode.com
版 次 2022 年 7 月 1 版
特 價 新台幣 250 元 (缺頁或破損的書，請寄回更換)

ISBN： 978-986-0799-85-9